AF314708

UN AN,

OU

LE MARIAGE D'AMOUR.

OUVRAGES DE M. ANCELOT.

—

LouIs IX , tragédie en cinq actes.
LE MAIRE DU PALAIS , idem.
FIESQUE , idem.
MARIE DE BRABANT, poème en six chants , 1 vol. in–18.
SIX MOIS EN RUSSIE , 1 vol. in-8°.
L'HOMME DU MONDE , 4 vol. in-12.
L'IMPORTANT, comédie en trois actes et en vers.
OLGA , ou l'ORPHELINE MOSCOVITE , tragédie en cinq actes.
MARIE DE BRABANT, drame historique eu cinq actes et en vei·.
L'ESPION , drame en cinq actes et en prose.
L'HOMME DU MONDE , idem.
ÉLISABETH D'ANGLETERRE , tragédie en cinq actes.

IMPRIMERIE DE GUIRAUDET.
rue Saint-Honoré , n° 315.

UN AN,

OU

LE MARIAGE D'AMOUR,

DRAME EN TROIS ACTES, EN PROSE,

PAR M. ANCELOT;

REPRÉSENTÉ POUR LA PREMIÈRE FOIS, SUR LE THÉATRE-FRANÇAIS,
LE 8 MAI 1830.

PRIX. — 3 F. 50 C.

Paris,

J. BRÉAUTÉ, LIBRAIRE - ÉDITEUR,
PASSAGE CHOISEUL, Nᵒˢ 60-62;

BARBA, GALERIE DE CHARTRES,
PALAIS-ROYAL.

—

1830.

PERSONNAGES.

—

<table>
<tr><td>LE COMTE DE LESSEVILLE, âgé de trente ans, pair de France, chef d'escadron d'artillerie.</td><td rowspan="4">MM.</td><td>Michelot.</td></tr>
<tr><td>LE CHEVALIER DE MONBRAY, capitaine de cavalerie.</td><td>Menjaud.</td></tr>
<tr><td>LEROUX, sergent d'artillerie en retraite.</td><td>Monrose.</td></tr>
<tr><td>PIERRE DUPUIS, garçon boulanger, conscrit.</td><td>Samson.</td></tr>
<tr><td>UN DOMESTIQUE.</td><td></td><td>Faure.</td></tr>
<tr><td>LA COMTESSE DE LESSEVILLE, mère du comte.</td><td rowspan="4">Mesd.</td><td>Desmousseaux.</td></tr>
<tr><td>LA BARONNE D'HERVILLY.</td><td>Dupuis.</td></tr>
<tr><td>LOUISE LEROUX, fille de Leroux, couturière.</td><td>Brocard.</td></tr>
<tr><td>MADAME DUTOUR, cousine de Louise, mercière.</td><td>Demerson.</td></tr>
</table>

—

La scène se passe, au 1er et au 3e actes, dans l'hôtel du comte de Lesseville, à Paris ; au 2e acte, dans un château à cinq lieues de Paris.

—

NOTA. Les personnages sont placés en tête de chaque scène comme ils doivent l'être au théâtre : le premier occupe la droite de l'acteur.

UN AN,

OU

LE MARIAGE D'AMOUR.

ACTE PREMIER.

Le théâtre représente un salon de l'hôtel du comte de Lesseville. Un guéridon, couvert d'un cabaret, est à la droite de l'acteur ; une table, sur laquelle est un pupître, occupe la gauche.

SCÈNE PREMIÈRE.

—

LA BARONNE D'HERVILLY, LE COMTE ÉDOUARD DE LESSEVILLE, LA COMTESSE DE LESSEVILLE.

Ils sont assis autour du guéridon, et déjeunent.

LA COMTESSE DE LESSEVILLE.

Ma chère baronne, pour une femme qui vient de passer trois jours et trois nuits à courir la poste, vous êtes d'une fraîcheur admirable.

LA BARONNE D'HERVILLY.

La joie de vous revoir me fait oublier la fatigue.

LA COMTESSE.

Ce voyage à Nice vous a mise en état de défier un hiver de Paris avec tous ses bals et toutes ses fêtes ; et pour accompagner dans le monde une jeune veuve aussi jolie que vous, il faut, ma chère Angeline, avoir renoncé comme moi à toutes prétentions, avoir pris son parti d'être vieille.

LA BARONNE.

Vous vous êtes bien pressée, chère comtesse.

LA COMTESSE.

J'ai vu qu'il y avait dans la société une place à prendre, celle de vieille femme : personne ne veut l'occuper. Mais, pour avoir quelque mérite, il fallait m'en emparer avant que le monde me l'eût destinée : c'est ce que j'ai fait, et je m'en trouve bien. J'ai gagné ainsi des amies parmi les jeunes femmes, et la connaissance que j'ai acquise de leurs caractères m'aidera, je l'espère, à diriger le choix de mon fils lorsqu'il voudra, en se mariant, me donner une compagne. N'est-il pas vrai, Edouard ?

LE COMTE DE LESSEVILLE.

Ma mère.... votre bonté....

LA COMTESSE.

Je l'avoue, il est une espérance qui peut encore embellir ma vieillesse. Vous la connaissez ?...

LE COMTE.

Ma mère !...

LA COMTESSE.

Oui, Edouard, il faut qu'une femme aimable et jeune vienne animer notre retraite. Chaque jour qui s'écoule enlève quelque chose à la gaîté de mon caractère, et le vôtre, mon ami, a tout le sérieux de notre époque. La raison est la folie de ce siècle.

LA BARONNE.

Il me semble pourtant qu'avec le titre de pair de

France, trente ans et quarante mille livres de rente,
on a de quoi prendre la vie gaîment. Tant de gens sont
obligés d'être heureux à moins.

LA COMTESSE.

Bon! pense-t-on à être heureux à présent?

LE COMTE.

Ma mère, vous êtes sévère pour notre époque.

LA BARONNE.

J'espère vous raccommoder avec elle; et d'abord,
pour égayer cette matinée, venez avec moi : nous ferons
un tour de promenade au bois de Boulogne, puis vous
permettrez que j'entre dans quelques magasins. Je suis
arriérée de trois mois sur les modes. Pas la moindre
élégance à Nice! de vrais malades!... Je n'irai plus à
de pareilles eaux. Je ne saurais, de quinze jours, me
montrer dans un salon. Pendant cette retraite forcée,
nous ferons des lectures, de la musique; je veux me
mettre au courant de tout : car, après les toques d'Her-
baut et les robes de Victorine, l'esprit et les talents sont
encore ce qui réussit le plus dans le monde. Vous nous
accompagnerez, n'est-il pas vrai?

LE COMTE.

Pardon mille fois! mais je ne puis être des vôtres
aujourd'hui.

Ils se lèvent.

LA COMTESSE.

Édouard, quels sont donc ces nouveaux amis qui
occupent tout votre temps, et que je ne connais pas?
Quelquefois, je l'avouerai, je crains qu'oubliant votre
rang, vous ne voyez des gens dont les habitudes et la
façon de penser diffèrent des nôtres. Voudriez-vous,
mon fils, vous éloigner de la bonne compagnie?

LE COMTE.

Ma véritable place est-elle donc toujours au milieu de cercles futiles, occupés de chasse, de chevaux et de modes nouvelles? Aurais-je tort à vos yeux, ma mère, si je me rapprochais de gens abaissés peut-être par la fortune, mais élevés par leurs sentiments?

LA BARONNE, à part.

Mon Dieu! qu'il est devenu singulier!

LA COMTESSE.

Croyez, mon fils, que ma tendresse seule....

LE COMTE.

Veuillez vous en rapporter aux principes que j'ai reçus de vous et à mon désir de vous complaire!... J'ai quelques affaires ce matin; mais je vous reverrai bientôt.

LA COMTESSE.

Ah! j'oubliais : c'est, je crois, le jour du cours de philosophie?

LE COMTE.

Non, ce n'est pas cela qui m'éloigne....

LA BARONNE.

Oh! ne vous en défendez pas. On dit que c'est fort à la mode cette année. Je voudrais qu'il fût permis aux femmes d'y assister, j'irais avec vous.

LE COMTE.

Vous, madame?

LA BARONNE.

Oui, moi, monsieur! Croyez-vous donc que je ne pense qu'à m'amuser?

LA COMTESSE.

Au moins, Édouard, vous nous donnerez votre soirée.

LA BARONNE.

Je vous montrerai les croquis que j'ai faits pendant mon voyage, et nous étudierons quelques airs de Guillaume Tell.

LE COMTE.

Je serai à vos ordres.

LA COMTESSE.

Depuis votre départ, il n'a pas ouvert un piano ni touché un crayon. Il est vrai qu'il n'était presque jamais ici. Votre séjour dans l'hôtel me procurera un double bonheur.

UN DOMESTIQUE, *entrant.*

Madame Dutour demande si madame la comtesse veut voir quelques objets de parfumerie qu'elle apporte.

LE COMTE, *à part.*

Madame Dutour!.. Ah! mon Dieu!.. n'est-ce pas?.. Sortons. (*Haut.*) Permettez, mesdames, que je vous quitte.

Il sort.

SCÈNE II.

—

LA BARONNE, LA COMTESSE.

LA BARONNE.

Faites entrer, je vous prie : j'ai tant d'emplettes à faire !

LA COMTESSE, *au domestique.*

Qu'elle entre. (*A la baronne.*) Je vous la recom-

mande : je prends à sa famille un intérêt tout parti-
cutier.

LA BARONNE.

Il suffit, je lui donne ma pratique. Mais, mon Dieu !
que votre fils me semble changé !

LA COMTESSE.

Vous savez qu'il a toujours été sérieux.

LA BARONNE.

Oui; mais aujourd'hui il est inquiet, préoccupé.

LA COMTESSE.

L'agitation de l'amour ressemble quelquefois à l'inquiétude.

LA BARONNE.

De l'amour ! lui !... c'est possible ; mais certainement
ce n'est pas pour moi.

LA COMTESSE.

Détrompez-vous, ma chère Angeline. Je puis trahir
son secret, car sans doute il vous l'apprendra bientôt
lui-même. Son amour, les désirs, les espérances qu'il a
conçus quand vous êtes devenue libre, il m'a tout con-
fié. Il était désolé lorsque vous êtes partie pour Nice : il
voulait vous suivre, mais cela n'était pas convenable ;
et, pour parler mariage, j'ai voulu attendre que votre
deuil fût fini. Soyez sûre qu'Édouard vous aime.

LA BARONNE.

Vous permettrez du moins que, pour lui répondre,
j'attende qu'il m'ait parlé.

LA COMTESSE.

Le sentiment qu'il éprouve pour vous est d'autant
plus vrai qu'il est fondé sur des convenances de goûts et
de caractère : Édouard vous connaît dès l'enfance.

LE DOMESTIQUE , *annonçant.*

Madame Dutour.

___

SCÈNE III.

—

LA BARONNE , LA COMTESSE ; Madame DUTOUR,
apportant des cartons.

LA COMTESSE.

Entrez, madame Dutour : voici une jeune dame qui
s'arrangera de quelques objets. Je lui ai dit tout l'intérêt que je prends à vous.

MADAME DUTOUR , *très vite.*

Madame la comtesse est bien bonne ; aussi elle peut
compter sur mon zèle. C'est elle qui a l'étrenne de toutes mes nouveautés. Voici, par exemple , des rubans
qui arrivent de Lyon : on n'en trouverait pas de semblables dans tout Paris. (*Elle ouvre ses cartons.*) Madame la marquise de Lussan m'en voudrait à la mort si
elle savait que quelqu'un les a vus avant elle : car je
sers madame de Lussan. J'ai de très belles pratiques ;
et tout le monde vous dira que , pour les rubans , la
probité, et les gants de Grenoble, madame Dutour ne
laisse rien à désirer.

LA BARONNE , *qui a examiné les marchandises.*

(*Bas à la comtesse.*) Elle est drôle, votre marchan-
de. (*Haut.*) Madame Dutour, avez-vous des gants de
Suède ?

MADAME DUTOUR.

Sans doute, première qualité, arrivant de Saint-
Pétersbourg.

LA BARONNE.

Ah !... Eh bien, une douzaine de gants de Suède de
Saint-Pétersbourg.

LA COMTESSE.

Comment va votre cousine Louise Leroux ? est-elle
entièrement guérie ?

MADAME DUTOUR.

On le serait à moins ; et je voudrais avoir l'argent de
tous les consommés, de tous les juleps, qu'elle a pris.
Celle-là peut se vanter d'avoir été soignée : un médecin
qui venait en voiture, et le fils de madame la comtesse
qui payait tout !... C'est tout de même heureux pour la
famille, cet accident-là.

LA BARONNE, *à la comtesse.*
Qu'est-ce donc ?

LA COMTESSE.

C'est toute une histoire. Il y a six semaines, mon fils
traversait la rue Saint-Honoré en tilbury ; il avait un
cheval anglais qui a gagné le prix aux courses d'Epsom.
Une jeune fille (ces gens qui vont à pied sont si impru-
dents !) passe au moment où le cheval était lancé....

LA BARONNE.

Oh ! mon Dieu !

LA COMTESSE.

Édouard le retint assez vite pour qu'il ne la touchât
que légèrement ; elle tomba pourtant, et dans sa chute
un vaisseau se rompit dans la poitrine, ce qui donna
pendant quelque temps des inquiétudes pour sa vie.

LA BARONNE.

Cette pauvre petite!... Mais elle est guérie.

MADAME DUTOUR.

Elle doit sortir aujourd'hui pour la première fois, et sans doute elle viendra remercier madame la comtesse : car elle n'a manqué de rien, grâce à Dieu! Vous savez que pendant tout le temps de sa maladie il lui était défendu de parler; pas un mot!... C'était pitié!... Heureusement que j'allais de temps en temps, le soir, lui conter les nouvelles du quartier. Et puis on m'a dit que M. le comte y venait tous les jours! Moi, je ne l'y ai jamais vu, parce que mon commerce me retenait aux heures où il y allait; et j'en suis bien fâchée, car je voudrais le connaître, monsieur votre fils, qui est si bon!... Enfin ça désennuyait un peu ma cousine : nous autres pauvres gens nous ne sommes pas habitués à rester à rien faire.

LA BARONNE, *à part.*

M. le comte y allait tous les jours!... (*Haut.*) Est-elle jolie?

MADAME DUTOUR.

C'est la beauté de la famille! et dans les Leroux (car je suis une Leroux de mon nom de fille) le sang est très beau! Quoique ce soit une ouvrière qui n'a que son aiguille, ça a déjà été recherché en mariage; et je crois bien qu'elle a quelque chose dans le cœur pour Pierre Dupuis, garçon boulanger, et filleul du père Leroux. Mais le pauvre garçon est arrivé hier du pays, où il était allé pour la conscription, et il a eu le malheur de tirer le numéro *un.* Il est sûr de son affaire, celui-là : car vous sentez bien que ce n'est pas un garçon boulanger qui a le moyen d'acheter un remplaçant. Ah! si le père

Leroux avait pu !... Ce mariage lui tenait au cœur : il aime tant sa fille ! Mais un ancien sergent qui n'a que sa solde de retraite et les deux cent cinquante francs de sa croix, ça n'est pas grand'chose !... Et attendre que Pierre ait fait ses huit ans, c'est bien dur pour une jeunesse !

LA COMTESSE.

Il me vient une idée : rassurez votre cousine ; son prétendu ne partira pas.

MADAME DUTOUR.

A-t-elle du bonheur, cette fille-là ?

LA BARONNE.

Ces trois pièces de ruban, dix douzaines de paires de gants blancs, et tous ces divers objets..... faites porter cela dans mon appartement.

MADAME DUTOUR.

Je vais les porter moi-même, madame.

LA COMTESSE.

Moi, ces gants de couleur.

MADAME DUTOUR.

Est-ce tout pour aujourd'hui, mesdames ?

LA COMTESSE.

Oui ; faites ma commission près de votre cousine.

MADAME DUTOUR, *refermant ses cartons.*

Certainement, madame la comtesse. Ah ! vous n'avez pas affaire à des ingrats ! Le père Leroux se mettrait au feu pour vous et pour M. le comte, qui a été son commandant. Car il n'y a pas plus de trois ans que le père Leroux ne sert plus : il était sergent de canonniers dans le régiment de M. le comte. Comme on se retrouve, pourtant !.... Ces dames n'ont plus besoin de rien ? J'ai bien l'honneur de les saluer.

LA COMTESSE.

Bonjour, madame Dutour.

SCÈNE IV.

—

LA COMTESSE, LA BARONNE.

LA COMTESSE.

Êtes-vous prête? Partons-nous, chère baronne?

LA BARONNE, *rêveuse.*

Il est trop tard; je me sens fatiguée; remettons nos
courses à demain. Le voulez-vous?

LA COMTESSE.

Je ne demande pas mieux.

LA BARONNE, *à part.*

Il y allait tous les jours!

UN DOMESTIQUE.

Une jeune fille et un ancien militaire, amenés par
M. le comte, demandent si madame la comtesse veut
les recevoir.

LA COMTESSE.

C'est sans doute la petite Leroux et son père? Qu'ils
entrent.

LA BARONNE.

Ah! (*A part.*) Je vais donc la voir!

—

SCÈNE V.

—

LEROUX, LOUISE, LE COMTE, LA COMTESSE,
LA BARONNE.

LE COMTE, *à part, en entrant.*

La baronne est encore là ! (*Haut.*) Ma mère, je vous présente un ancien camarade, et mademoiselle sa fille, à qui mon imprudence a failli être si funeste. Il y a déjà long-temps que je désirais vous faire faire sa connaissance; mais elle sort aujourd'hui pour la première fois.

LA COMTESSE, *sans offrir de siége.*

Bonjour, mon enfant. Commencez-vous à vous rétablir?

LOUISE, *très timide.*

Oui, madame, je vais bien.

LE COMTE, *avançant un fauteuil.*

Asseyez-vous donc, mademoiselle.

LA BARONNE, *à part.*

Que d'empressement !

LA COMTESSE.

Je suis charmée qu'enfin vous soyez mieux.

LEROUX.

Bah! la voilà maintenant meilleure que neuve, grâce aux soins du commandant.

LE COMTE.

Ma mère, voici une vieille moustache à qui je dois

la vie : c'est le brave Leroux, qui a reçu certain éclat
d'obus qui devait m'appartenir.

LA BARONNE.

Cela fait mal un éclat d'obus?

LE COMTE.

Mais cela tue assez souvent.

LA COMTESSE.

C'est très beau, monsieur.... monsieur Leroux.

LEROUX.

Ma foi, madame, vous en auriez fait autant à ma
place. Un obus tombe dans la batterie, aux pieds du
commandant; je me dis : Si le commandant est tué, qui
est-ce qui commandera la batterie? au lieu que, si je
suis tué, il y a d'autres pointeurs. Là-dessus, je me
jette sur le commandant et je le serre comme une nouvelle mariée.

LE COMTE.

Et vous avez eu une cuisse cassée.

LEROUX.

Bah ! on l'a raccommodée, et elle va à peu près.

LA COMTESSE.

Vous n'avez qu'une fille, M. Leroux.

LEROUX.

C'est tout mon bien !

LE COMTE.

Ma mère, vous ne vous attendez pas à la surprise
que mademoiselle vous a préparée : c'est un voile
qu'elle a brodé pour vous.

LEROUX.

Elle y travaillait sur son lit; je lui disais quelquefois : Louise, tu vas te faire mal ! Elle disait : C'est égal,
c'est pour la mère de M. Édouard.

LOUISE, *présentant le voile.*

Si madame veut bien l'accepter?....

LA COMTESSE.

C'est vraiment très bien! (*A la baronne.*) Regardez donc!

LA BARONNE.

C'est charmant! Mais il a fallu bien du temps pour faire cette broderie.

LE COMTE, *à Louise.*

Vous vous serez fatiguée?

LOUISE.

Non; cela m'occupait, et m'empêchait d'avoir du chagrin quand j'étais seule.

LA BARONNE.

Du chagrin!... lorsque M. Édouard n'était pas là, peut-être?

LOUISE.

Oui : car il était si gai quand il me voyait, que j'étais triste quand je ne le voyais pas.

LA BARONNE.

Ah!

LA COMTESSE.

Elle a été ouvrir son secrétaire, et a mis des billets de banque dans un petit portefeuille.

Tenez, ma chère amie, je vous prie d'accepter ce souvenir.

LOUISE, *prenant le portefeuille.*

Madame est bien bonne!... Oh! comme c'est joli! (*Elle voit les billets.*) Ah!... madame!... non, je ne puis le prendre!

LE COMTE.

Qu'avez-vous?

LA COMTESSE.

Gardez-le, gardez-le !

LOUISE.

Non, madame, je n'en veux pas !

LE COMTE.

Vous pleurez ! qu'y a-t-il donc ?

LOUISE.

Regardez, M. Edouard, regardez plutôt !

LE COMTE.

De l'argent !... Ma mère, qu'avez-vous fait ?

LA COMTESSE, *à Louise.*

Mon enfant, il ne faut pas que cela vous afflige ; je ne sais trop si j'aurais rencontré votre goût en vous faisant un cadeau, et c'était....

LEROUX.

Elle est équipée au complet, madame ; elle n'a besoin de rien.

LA COMTESSE.

J'ai dans ce tiroir des boucles d'oreilles.... vous n'en avez pas : permettez-moi de vous les offrir.

LOUISE.

Je n'en porte pas, madame ; vraiment, madame, bien sensible !... mais je ne puis.... Voulez-vous seulement que je garde ce petit portefeuille tel qu'il est maintenant ?

Elle ôte les billets et les remet à la comtesse.

LA COMTESSE.

Mais c'est de l'enfantillage.

LA BARONNE.

Non ! ce sont des sentiments héroïques !... Monsieur Édouard, votre protégée est fort jolie. Je me retire ; adieu.

LA COMTESSE.

A tantôt.... Eh bien, Édouard, n'offrez-vous pas la main à la baronne?

LE COMTE.

Je vous demande mille pardons!

LA BARONNE, *riant.*

Non, non, je m'en voudrais de vous déranger ; je ne veux pas absolument ; restez.

Elle sort.

LEROUX.

Louise, mon enfant, il se fait tard, salue madame, et en marche avant que le brouillard ne tombe.

LE COMTE.

Ma voiture va vous conduire, et, si vous le permettez, je vous accompagnerai : j'ai une visite à faire dans votre quartier.

LA COMTESSE.

Édouard, je voudrais vous parler.

LOUISE.

Mon Dieu, monsieur Édouard, nous irons bien à pied ; je suis forte à présent.

LEROUX.

Vrai, mon commandant, c'est inutile une voiture ; ça lui donnerait de mauvaises habitudes, voyez-vous. Monsieur et madame, je vous salue.

LE COMTE.

Au moins je vais vous donner la main jusqu'au bas de l'escalier.

LOUISE.

Votre maman veut vous parler.

LE COMTE, *à sa mère.*

Je reviens à l'instant.

SCÈNE VI.

—

LA COMTESSE, *seule*.

Il a été d'un ridicule achevé! Quoi! pas plus d'atten-
tion à la baronne que si elle lui était tout-à-fait indif-
férente!... Il m'en parlait si souvent il y a deux mois!...
Et cette petite fille? C'est qu'elle est fort jolie!... Des
idées romanesques passeraient-elles par la tête de mon
fils?... Il y a des exemples de semblables folies!... Oh!
non, cela est impossible!... Une couturière! sans éducation!

———

SCÈNE VII.

—

LA COMTESSE, LE COMTE.

LE COMTE.

N'est-il pas vrai, ma mère, qu'elle est bien jolie?

LA COMTESSE.

Oui, elle n'est pas mal. Mais comme tu as été froid
avec la baronne!

LE COMTE.

Vous avez eu bien tort d'offrir de l'argent à Louise.

LA COMTESSE.

Sais-tu que la baronne a une fort belle fortune?

LE COMTE.

Quelle noblesse d'âme chez cette jeune fille!

LA COMTESSE.

Ah çà, Édouard, jouons-nous au propos inter-rompu?

LE COMTE.

Que voulez-vous dire, ma mère?

LA COMTESSE.

Je vous parle de madame d'Hervilly, et vous ne vous occupez que de cette petite ouvrière. Allons, Édouard, en voilà assez : souviens-toi de ce que je te disais, il y a trois mois, au sujet de la baronne.

LE COMTE.

Quoi donc?

LA COMTESSE.

Que c'est la femme qu'il te faut.

LE COMTE.

Ma femme !

LA COMTESSE.

Tu en paraissais fort épris alors.

LE COMTE.

Je l'ai toujours trouvée fort aimable; mais....

LA COMTESSE.

C'est un excellent parti.

LE COMTE.

Nos caractères ne se conviennent pas.

LA COMTESSE.

Édouard?

LE COMTE.

Ma mère?

LA COMTESSE.

Je ne vous reconnais plus : seriez-vous amoureux ?

LE COMTE.

Amoureux? moi!...

LA COMTESSE.

De cette jeune fille peut-être?

LE COMTE.

N'en est-elle pas bien digne?

LA COMTESSE.

Cela annoncerait une perversité détestable. C'est une pauvre enfant sans expérience, sans **appui**, qui vous a des obligations.... et vous chercheriez à la séduire!...

LE COMTE.

La séduire!... ô ma mère!

LA COMTESSE.

Quels sont donc vos projets? Vous ne songez pas sans doute à l'épouser?

LE COMTE.

J'avoue que ma pensée ne s'est point encore arrêtée sur l'avenir. La beauté de Louise, la naïve candeur de son âme, la noblesse de ses sentiments, tout m'enchante, et je cède sans réflexion au charme qui m'attire vers elle. Oh! si vous l'aviez vue comme moi toute couverte de sang!...

LA COMTESSE.

Vous êtes fou, Édouard, fou à lier.

LE COMTE.

Je vous répète que je n'ai pris aucune résolution ; mais enfin, si elle était devenue nécessaire à mon bonheur; si je me contentais de rencontrer les plus rares vertus, les plus précieuses qualités de l'âme dans la femme que j'associerais à mon sort, ferais-je donc une si grande folie?

LA COMTESSE.

Le comte de Lesseville épouser une couturière !

LE COMTE.

Comment, ma mère, vous dont l'esprit est si éclairé, pouvez-vous obéir à de vieux préjugés? Louise a été couturière, il est vrai; mais sa famille avait autrefois de l'aisance : des malheurs l'ont réduite à vivre du travail de ses mains.

LA COMTESSE.

Vraiment oui! les femmes de cette espèce ont toutes des malheurs à raconter. Mais ces malheurs-là n'excuseraient pas votre extravagance aux yeux du monde, je vous en avertis.

LE COMTE.

Et qu'importe le monde! N'admet-il pas des mariages disproportionnés pour la naissance quand ils procurent une grande fortune? Ne pourrait-on faire pour les vertus et la beauté ce qu'on ne rougirait pas d'avoir fait pour de l'argent.

LA COMTESSE.

L'éducation de cette fille vous sépare d'elle plus encore que sa naissance. Mon cher Édouard, croyez-en votre mère : Louise n'a ni vos habitudes ni vos idées, et dans l'intimité cette disconvenance se ferait sentir à chaque instant, sans compter le chagrin que vous causeraient les humiliations qui l'accueilleraient dans la société.

LE COMTE.

Celui qui oserait l'humilier pourrait s'en repentir.

LA COMTESSE.

Et qu'opposeriez-vous à l'impertinence d'une femme ?

LE COMTE.

Ce que je ferais?... Mais non , cela est impossible. Louise serait la comtesse de Lesseville : ce nom est assez noble pour deux.

LA COMTESSE.

Et ce nom empêcherait sans doute la couturière d'avoir la tournure d'une couturière? Et puis il vous serait agréable d'avoir pour beau-père votre sergent?

LE COMTE.

C'est le plus honnête homme du monde. Et d'ailleurs qu'importe une légère différence de rang? Les grands principes de l'égalité ne sont-ils pas maintenant reconnus?

LA COMTESSE.

L'égalité !... Ne voyons-nous pas depuis quarante ans ce que c'est que cette égalité? Un mensonge adressé par des ambitieux à la crédulité des sots. Mon cher Édouard, vous vous croyez un philosophe; vous pensez avoir assez de force d'âme pour résister toujours aux préjugés, que vous voulez braver; et moi je vous connais, mon ami : vous avez un cœur excellent; mais il faut un caractère plus ferme que le vôtre pour affronter l'opinion ! Malgré vous, les habitudes, l'éducation, les préjugés, si vous voulez, reprendraient bientôt leur empire : et alors que de malheurs! Allons, Édouard, qu'il ne soit plus question d'une pareille folie. Et n'oubliez pas que, si jamais vous vouliez céder à des idées romanesques, ma tendresse pour vous me ferait un devoir de m'y opposer.

LE COMTE.

Ma mère !...

LA COMTESSE.

Eh bien?

LE COMTE.

J'ai trente ans....

LA COMTESSE.

A merveille, mon fils! Ajoutez que vous avez le droit de me chasser de cette maison; qu'elle vous appartient, car je n'ai apporté à votre père d'autre dot que ma noblesse.

LE COMTE.

Oh! vous savez que ma fortune est la vôtre.

LA COMTESSE.

Non, je ne voudrais rien de vous. Je sortirais d'ici : j'aimerais mieux l'indigence et toutes ses privations que la société d'une grisette qu'il faudrait appeler ma fille.

LE COMTE.

Ma mère, ne nous tourmentons pas d'avance, en songeant à un avenir fort incertain encore.

LA COMTESSE.

Oui, Édouard, oui, tu as raison, n'en parlons plus. Tu ne saurais oublier que tout le bonheur de ma vieillesse repose sur la noblesse de tes sentiments.

LE COMTE.

Adieu, ma mère. Je vous reverrai bientôt ; et, quoi qu'il arrive, veuillez ne jamais douter du cœur de votre fils.

Il baise la main de la comtesse et sort.

SCÈNE VIII.

—

LA COMTESSE, *seule.*

Il n'y a pas un moment à perdre. Je le connais : rien ne l'arrêtera si une fois il prend un parti. Sauvons-le de son extravagance ; oui, c'est le meilleur moyen. (*Elle se met à une table et écrit.*) En lui ôtant tout espoir.... (*Elle sonne. A un domestique qui entre :*) Portez à l'instant ces lettres à leur adresse, et faites diligence.

SCÈNE IX.

—

PIERRE ; LA BARONNE, *riant aux éclats* ; LA COMTESSE.

LA BARONNE.

Ah ! ah ! ah ! Si vous saviez ce qui vient de m'arriver !

LA COMTESSE.

Il paraît que ce n'est pas un événement malheureux. Mais quel est ce garçon ?

LA BARONNE.

Oh ! il n'est pas dans l'usage de se faire annoncer. Imaginez que tout à l'heure j'étais occupée de ma toilette ; j'entends marcher derrière moi : je me retourne avec frayeur , et je vois ce jeune homme, qui, après m'avoir regardée des pieds à la tête , me demande si c'est à M. le comte de Lesseville qu'il a l'honneur de parler.

PIERRE.

Pardon , excuse; j'ai eu tort. Mais c'est toujours comme ça des accidents qui m'arrivent et qui fâchent mes protecteurs. Ce n'est pas ma faute : je suis né malheureux qu'on ne peut pas s'en faire une idée.

LA COMTESSE.

Que vouliez-vous ?

LA BARONNE.

La protection du comte Édouard. Mais , dans cette occasion, la mienne la vaudra bien !... C'est le prétendu de Louise Leroux.

LA COMTESSE.

Le prétendu de Louise !

PIERRE.

Quand je dis le prétendu , c'est-à-dire que j'avais la prétention de l'être il y a six mois. Le père Leroux est mon parrain. Mais il y a du nouveau , et ça n'est pas du beau.

LA COMTESSE.

Quoi ! vous savez ?...

PIERRE.

Je sais.... je sais que je suis si enguignonné que j'ai été le plus mal chanceux de l'arrondissement : j'ai amené le numéro *un*; je ne l'ai pas manqué ! C'est-y avoir du malheur ! Moi à qui il ne sort jamais un numéro à la loterie, du premier coup j'attrape celui-ci.

LA BARONNE.

Mais si ce n'était que cela....

PIERRE.

C'est bien assez, j'espère. Un conscrit! le beau parti
que ça fait!... Comme disait le père Leroux, si j'étais
seulement sergent!... Mais d'ici là, laisser sa prétendue
à Paris! moi encore qui suis né sous une mauvaise
étoile!

LA BARONNE.

Le pauvre garçon!

PIERRE.

Jamais on n'a vu un guignon pareil au mien; je ne
peux réussir à rien : je n'ai pas eu plus tôt appris l'état
de boulanger, qu'on s'est mis à faire du pain à la méca-
nique.

LA BARONNE.

En vérité?

PIERRE.

Et ne voilà-t-il pas une suite de mon malheur! l'ac-
cident de cette pauvre Louise juste le jour où j'étais
parti pour aller au pays, et parti à pied : cent quarante-
trois lieues pour chercher ce numéro-là, c'était bien la
peine de me déranger. Enfin le père Leroux m'a dit que
M. le comte de Lesseville a des bontés pour la famille,
et je venais le prier.... Mais, bah! il est sorti.

LA COMTESSE.

Consolez-vous, tout n'est pas perdu; vous pouvez
encore épouser Louise.

PIERRE.

Ça serait-il possible? Je crois que j'en deviendrais
fou : je l'aime tant!

LA BARONNE.

Et vous aime-t-elle?

PIERRE.

On n'est jamais bien sûr de ces choses-là ; mais c'est une brave fille ; et une fois son mari....

LA COMTESSE.

Eh bien, je veux vous acheter un remplaçant, et vous aider ensuite à vous mettre en ménage. Vous vous nommez, je crois....

PIERRE.

Pierre Dupuis pour vous servir. Mais, vrai, madame, ne vous riez pas de moi : je me sens tout bouleversé par ce que vous venez de dire.

LA COMTESSE.

Croyez-moi, Pierre, je vous le répète, je veux vous marier à Louise Leroux.

PIERRE.

Ah ! pour le coup, me v'là déguignonné.

LA COMTESSE.

Mais il faut que le mariage se fasse promptement.

PIERRE.

Oh ! tout de suite, tout de suite.

LA COMTESSE.

Il faut commencer par chercher un remplaçant : je me charge de payer.

PIERRE.

Ça ne sera pas difficile : qu'est-ce qu'on ne trouve pas à Paris avec de l'argent ? Et des hommes, des hommes, il y en a à tous prix.

LA BARONNE.

Oui ; les plus chers sont seulement plus adroits que ceux qui les achètent.

PIERRE.

Oh ! je marchanderai comme si les écus sortaient de
ma poche.

UN DOMESTIQUE , *annonçant*.

Mademoiselle Louise Leroux.

PIERRE.

Louise Leroux !

SCÈNE X.

PIERRE, LA BARONNE, LOUISE, LA COMTESSE.

LOUISE.

Madame la comtesse m'a fait demander ?

LA COMTESSE.

Oui, mon enfant; entrez sans crainte : je m'occupe
de vous.

LA BARONNE.

J'espère, M. Pierre, que voilà une bonne journée.

PIERRE.

Une fameuse tout de même.

LA COMTESSE.

Louise, je veux assurer votre bonheur.

LA BARONNE.

Madame la comtesse lève tous les obstacles qui s'op-
posaient à votre mariage avec ce jeune homme.

LOUISE.

Qu'est-ce que j'entends !

PIERRE.

Comme elle est saisie!... Ecoutez donc, mamselle Louise....

LOUISE, *tremblante*.

Madame la comtesse....

LA COMTESSE.

Remettez-vous!... Et vous, Pierre, allez bien vite vous occuper de votre remplaçant. Allez, vous reviendrez plus tôt.

PIERRE.

J'y vais, madame la comtesse; mais....

LA COMTESSE.

Allez donc.

PIERRE.

Je m'en vas! (*A part, en sortant.*) J'aurais voulu parler à mamselle Louise, pourtant! Elle n'a pas l'air satisfaite!... Est-ce que le guignon y serait encore?

Il sort.

SCÈNE XI.

—

LA BARONNE, LOUISE, LA COMTESSE.

LOUISE.

Madame la comtesse, vos bontés pour moi sont bien grandes.... je vous remercie.... mais je ne veux pas me marier.

LA BARONNE, *à part*.

Je devine.

LA COMTESSE.

Et quelles sont vos raisons?

LOUISE.

Mes raisons?... je n'en ai pas; seulement je ne veux pas me marier.... je ne me marierai jamais.

LA COMTESSE.

Mais il y a six mois vous pensiez différemment; vous aviez accueilli la demande de ce garçon. Qui a pu vous faire changer d'idées?

LOUISE.

Je.... je ne sais pas.... mais j'en ai changé.

LA BARONNE.

Depuis cette époque mademoiselle a peut-être fait des comparaisons qui ne sont pas à l'avantage de Pierre?

LA COMTESSE.

Mon enfant, c'est votre bonheur que je veux. Pierre a l'air d'un honnête garçon, et je vous promets qu'avec lui vous serez dans l'aisance, et votre vieux père aussi.

LOUISE.

Mon père?... mon travail lui suffira toujours.

UN DOMESTIQUE, *entrant.*

Le notaire que madame la comtesse a fait demander!

LA COMTESSE.

Qu'il attende dans mon cabinet; je vais lui parler. (*Le domestique sort.*) Vous, Louise, restez ici, réfléchissez à ce que je vous propose, et soyez sûre que vous auriez à vous repentir si vous cédiez à quelques idées folles.... Allons, à mon retour, j'espère vous trouver plus raisonnable. Parlez-lui, ma chère baronne.

SCÈNE XII.

—

LA BARONNE, LOUISE.

Louise s'éloigne de la baronne et semble vouloir sortir.

LA BARONNE, *à part.*

Elle est jolie! Mais pas de tournure!... Et c'est à cette grisette qu'il me sacrifierait!...Voyons si du moins son esprit a été cultivé. (*Haut, en s'approchant de Louise.*) Pourquoi donc, mademoiselle, vous éloignez-vous de moi? Causons un instant. Je soupçonne que votre père vous a fait donner une éducation au-dessus de votre état.

LOUISE.

A moi? Oh, mon Dieu, non, madame!

LA BARONNE.

Comment! vous n'avez rien appris?

LOUISE.

Si fait, j'ai appris à lire, à écrire, puis à coudre et à broder.

LA BARONNE.

Ah!... Mais dans vos moments de loisir, la lecture....

LOUISE.

Mon travail ne m'en laissait pas le temps.

LA BARONNE.

Ainsi les longues visites du comte de Lesseville se passaient à vous parler d'amour?

LOUISE.

Qui a pu vous le dire?

LA BARONNE.

Cela se devine. Et que répondiez-vous ?

LOUISE.

Hélas ! moi, faible et malade, je ne pouvais parler que bien peu et bien rarement !... Et puis j'avais tant de plaisir à l'écouter !

LA BARONNE.

Chaque jour il promettait de revenir le lendemain ?

LOUISE.

Il ne promettait rien, mais il revenait toujours.

L A BARONNE.

Et qu'espérez-vous ?

LOUISE.

Moi, madame ! je n'espère rien.

LA BARONNE.

Vous avez raison.... Pourquoi donc refuser un mariage convenable ?

LOUISE.

Je n'aime pas celui qu'on me propose.

LA BARONNE.

J'entends... En effet, le pauvre Pierre ne pourrait vous offrir qu'un modeste sort, qui ne vous suffit plus... Vous rougiriez maintenant d'être la femme d'un ouvrier.

LOUISE.

Moi rougir !

LA BARONNE.

Sans doute : avec lui, une simple robe, un bonnet, seraient toute votre parure ; il ne pourrait vous donner ni chapeaux, ni bijoux....

LOUISE.

Tout cela n'est pas fait pour moi ; je vous le répète, madame, je n'ai que mon travail.

LA BARONNE.

Et l'amour du comte.

LOUISE.

Que voulez-vous dire?

LA BARONNE.

Quoi de plus naturel! Le comte est riche, il est généreux....

LOUISE.

Ah, madame!...

Elle pleure.

LA BARONNE.

Eh bien! vous pleurez! Je ne veux pas vous affliger; je ne vous dis que ce que tout le monde doit croire.

LOUISE.

Qu'entends-je! On pourrait penser....

LA BARONNE.

De bonne foi, que voulez-vous qu'on pense? On connaît le comte de Lesseville: jeune, aimable, prompt à s'enflammer, mais non moins prompt à changer d'amour; on le verrait passer toutes ses journées chez une jolie ouvrière de dix-huit ans, et vous voudriez que l'on crût à l'innocence de ses visites! Ah!

LOUISE.

Arrêtez, madame! J'ai pu supporter la misère, mais je n'ai pas appris à supporter la honte! Et mon pauvre père! s'il pouvait soupçonner.... Ah! il en mourrait!

LA BARONNE.

Je le crois; c'est un brave militaire, rempli d'honneur, qui n'a rien de plus cher que la réputation de sa fille : aussi désirait-il vivement vous voir établie.

LOUISE.

Qu'est-ce que je viens d'entendre?.... Ah, malheureuse! jamais je n'avais songé!... Elle dit vrai.

LA BARONNE.

Ce mariage qu'on vous proposé vous sauverait de
cruels regrets. Un jour viendra, Louise, où, repoussée
de votre famille, délaissée par le comte, en butte à
son mépris....

LOUISE.

Son mépris!

LA BARONNE.

En vous mariant, vous ne le verriez pas dédaigner
un jour cet amour qu'il sollicite maintenant; vous ne
le verriez pas insensible à votre douleur; vous pourriez l'oublier en vous occupant de vos nouveaux devoirs; vous conserveriez l'estime de tous ceux qui vous
connaissent, et lui-même respecterait votre vertu.

LOUISE.

Ah! madame, ce conseil....

LA BARONNE.

Est dicté par l'intérêt que vous m'inspirez. Un moment de courage vous épargne des chagrins, des re-
mords, et à votre père un opprobre auquel peut-être il
ne survivrait pas.

LOUISE.

Madame....

LA BARONNE.

Réfléchissez, Louise, il est temps encore.

LOUISE.

Oui, vous avez raison! le déshonneur.... Le monde
est si méchant!

LA BARONNE.

Décidez-vous, mon enfant.

LOUISE, *à elle-même.*

Il est riche, noble.... et moi je ne suis qu'une ouvrière.... oui, cela est impossible! Mon pauvre père!...

LA BARONNE.

Eh bien?

LOUISE.

On oserait m'accuser.... me mépriser!... Madame.... s'il le faut.... j'épouserai Pierre.

LA BARONNE.

Bien, mon enfant, très bien ! Je vais annoncer votre résolution à la comtesse.

LOUISE.

Oui, oui, dites-le-lui.... dites-le-lui tout de suite! Aurais-je la force de le vouloir long-temps?

LA BARONNE.

Je vais la chercher.

SCÈNE XIII.

LOUISE, *seule.*

Tout est fini!... Et cette bague!... le seul de ses cadeaux que j'aie accepté.... parce qu'elle porte son nom !... il faudra m'en séparer !

Elle porte la bague à ses lèvres.

SCÈNE XIV.

—

LOUISE, LE COMTE.

LE COMTE, *à part, en entrant.*

Louise ici!... (*Haut.*) Ah! voilà des baisers qui m'appartiennent!

LOUISE.

Laissez-moi, monsieur le comte.

LE COMTE.

Qu'avez-vous, Louise?... Pourquoi me fuyez-vous?

LOUISE.

Je le dois! Je ne vous reverrai plus.... je ne veux plus vous revoir.... Je me marie!

LE COMTE.

Vous vous mariez!

LOUISE, *parlant très vite, sans le regarder.*

Un jeune homme honnête qui convient à mon père, qui.... me convient aussi, m'avait demandée il y a six mois.... et.... je l'épouse! (*Lui présentant sa bague.*) Tenez, monsieur le comte, reprenez cet anneau....

LE COMTE, *la repoussant.*

Ah! vous l'épousez!... Et vous l'aimez? et vous êtes contente?

LOUISE.

Contente!

Elle chancelle et tombe sur un fauteuil.

LE COMTE.

Quelle pâleur!

LOUISE, *à part.*

Si je pouvais mourir !

LE COMTE.

Vous me trompez, Louise : vous ne l'aimez pas, vous ne pouvez pas l'aimer.

LOUISE, *prenant les mains du comte entre les siennes.*

Je ne veux pas être méprisée !

LE COMTE.

Ah ! je devine tout ! Ma Louise !...

LOUISE.

Sa Louise !... Ce seul mot m'a ôté toutes mes forces ; je ne pourrai jamais être à un autre !

LA COMTESSE, *en dehors.*

Avancez, monsieur Leroux.

LE COMTE.

Dieu ! ma mère !

SCÈNE XV.

—

PIERRE, LEROUX, LOUISE, LE COMTE, LA COMTESSE, LA BARONNE.

LA COMTESSE.

Avancez aussi, Pierre. Voici votre femme. Édouard, depuis six mois ces jeunes gens s'aiment.

PIERRE.

Quand je dis six mois, permettez, madame la comtesse : c'est vrai pour moi, il y a six mois que j'aime mademoiselle Louise ; mais elle ?... dame ! je ne sais pas.... Enfin, puisqu'elle veut bien consentir....

LA COMTESSE.

Oui, elle désire ce mariage.

LE COMTE.

Louise, répondez !... répondez ! vous êtes seule maîtresse de votre sort; personne ici ne doit ni ne veut
vous contraindre.... parlez.

LOUISE.

Mon père !...

LEROUX.

Que veux-tu?

LOUISE.

Je ne veux tromper personne. Je ne peux pas épouser Pierre, car je n'ai jamais eu d'amour pour lui.

PIERRE.

Allons !... quand je vous dis que je suis ensorcelé !
Tenez, madame la comtesse, je n'ai plus besoin de
votre argent, je me fais soldat; et vous verrez encore
que je n'aurai pas le bonheur d'attraper un boulet de
canon.

Il place les billets sur une table.

LA COMTESSE, à *Louise.*

Que signifie cela? N'aviez-vous pas accepté tout à
l'heure ?

LA BARONNE, à *part.*

Voilà toute ma diplomatie perdue.

LEROUX.

Il me semble, Louise, qu'il y a du louche dans tout
ça; et vois-tu, le père Leroux a toujours été droit son
chemin. Je veux que ça s'éclaircisse.

LOUISE.

Mon père !...

LA COMTESSE.

Je voulais vous assurer une existence honnête; vous ne le voulez pas?... Vos motifs pour refuser, les avoueriez-vous sans rougir?

LE COMTE.

Ah !...

LEROUX.

Qu'est-ce que j'entends là? Louise, tu es mon unique enfant; mais, tu le sais bien, j'aimerais mieux te voir morte que méprisée. Écoute, si Pierre veut encore de toi...

PIERRE.

Comment ! si j'en veux?

LEROUX, *à Louise.*

Il faut l'épouser : l'amour viendra après. Vois-tu, Louise, ce que dit madame la comtesse me donne des idées.... Je veux que tu te maries.

LOUISE.

Jamais !

LEROUX.

Oses-tu bien?...

LA COMTESSE.

C'en est trop! que les caprices de cette fille ne nous occupent pas plus long-temps. Laissez-nous.

LE COMTE.

Oh ! ne la renvoyez pas ainsi, je vous en conjure! Elle est libre de ses actions.

LA COMTESSE.

Et moi, ne le suis-je pas de me délivrer des gens qui m'importunent?

LE COMTE, *s'animant.*

Ma mère !...

LA COMTESSE.

Faut-il, pour vous plaire, que je fasse ma société d'une grisette?

LEROUX.

Madame la comtesse!...

LOUISE, *voulant emmener son père.*

Venez, venez!

LE COMTE, *les retenant.*

Je ne souffrirai pas qu'on les outrage devant moi.

LA COMTESSE.

Et moi, je ne souffrirai pas plus long-temps sa présence. Sortez! sortez à l'instant même.

LE COMTE.

Restez.

LA BARONNE, *à part.*

Que va-t-il faire?

LA COMTESSE.

Sortez, dis-je, ou je vous fais chasser de chez moi.

LE COMTE.

Chasser Louise! chasser mon brave camarade!

LEROUX.

Laissez-nous sortir, mon commandant.

LOUISE.

Je ne puis rester; je suis chez votre mère.

LE COMTE.

Chez ma mère!... Non, personne n'a le droit de vous faire sortir d'ici.

LA COMTESSE.

Que dites-vous?

LOUISE.

Laissez-moi m'en aller.

LE COMTE.

Jamais!... Vous le voulez, ma mère? vous m'y forcez!...

LA COMTESSE.

Comment! que prétendez-vous faire?

LE COMTE, *prenant Louise par la main.*

Comtesse de Lesseville, vous êtes chez vous!

FIN DU PREMIER ACTE.

ACTE II.

Le théâtre représente un salon ouvert sur un parc. Une table est à
la droite de l'acteur.

SCÈNE PREMIÈRE.

—

PIERRE, LEROUX.

Ils entrent par le fond.

LEROUX.

Avance donc à l'ordre, camarade. Ah! je t'apprendrai à passer comme ça sans pousser une reconnaissance.

PIERRE.

C'est que, voyez-vous, père Leroux, je n'osais pas.

LEROUX.

Joli propos de soldat!... Mais, Dieu me pardonne, tu es caporal, et il n'y a que neuf mois que tu es parti! Tu as gentiment fait ton chemin, tout de même! Ne va pas me dire je n'ose pas, comme si tu étais une recrue de quinze jours; et ça, parce que je suis dans un beau château. Eh bien, puisque je suis le beau-père....

PIERRE.

C'est précisément à cause de ça! Mamselle Louise était si jolie!

Il pousse un gros soupir.

LEROUX.

Est-ce que tu y songerais encore, conscrit?

PIERRE.

Oh! non; je sais bien que c'est une grande dame.
Mais en vous revoyant, père Leroux, ça m'a fait tout
de même un certain effet.... Allons, allons, v'là qu'est
fini! — Savez-vous que vous avez là un fameux bivac?

LEROUX.

Je n'en suis pas plus fier. Depuis que ma fille est
mariée au commandant, qu'est si riche, moi j'suis
riche aussi!... Eh bien, s'il faut te dire la vérité, je
m'ennuie.

PIERRE.

Vous êtes difficile.

LEROUX.

Quand j'étais canonnier, je ne m'ennuyais pas : c'est
un si bel état que l'état de soldat! Et les coups de fusil,
c'est-il amusant! Qu'en dis-tu?

PIERRE.

Moi, je n'ai entendu que ceux de l'exercice à feu :
vous savez bien que je suis toujours mal chanceux.

LEROUX.

Mais tu me disais tout à l'heure que tu avais fait une
campagne.

PIERRE.

Oui, sûrement : en Morée. J'ai eu six mois la fièvre.

LEROUX.

Faut convenir, camarade, que tu n'as pas de bonheur. Ah! de mon temps!...

PIERRE.

Je sais bien! Vous avez joliment gagné les invalides,
vous!... Mais aussi v'là une fameuse retraite! Vous

buvez du meilleur, et vous mangez à la table du maître, comme en pays ennemi.

LEROUX.

Qu'est-ce que tu dis donc là, en pays ennemi : le commandant est mon gendre.

PIERRE.

Ce n'est pas pour dire, mais ce mariage-là a dù faire un fier bruit dans le quartier! Moi, je n'ai pas eu le courage de rester un jour à Paris : en sortant de chez la vielle comtesse, j'ai pris la patache, car mes jambes ne pouvaient plus me porter. Enfin je vas à Paris pour la première fois depuis ce moment-là : le régiment est de service le mois prochain.

LEROUX.

Je suis bien aise de t'avoir trouvé sur la route.

PIERRE.

Je n'm'attendais guère à vous rencontrer là. Tout de même que la vieille était joliment en colère quand le fils a dit comme çà : « Mademoiselle Louise, v'là que vous êtes cheuz vous! » Je m'en souviendrai toute ma vie de ces mots-là !

LEROUX.

La mère a eu beau crier, il a épousé Louise; la vieille ne l'a plus revu, et, depuis neuf mois que l'mariage est fait, nous demeurons ici, à cinq lieues de Paris. Sais-tu bien que monsieur mon gendre a sacrifié une place de quatre mille deux cents francs, sans barguigner? Le ministre d'la guerre lui a dit : « Ce mariage-là ne me convient pas. » Et lui, il a répondu : « Mon général, j'donne ma démission. » Pas plus gêné que ça.

PIERRE.

Voyez-vous!... Ah! si je pouvais donner la mienne aussi!...

LEROUX.

Ta démission de soldat?... tu n'es pas dégoûté! Le commandant n'est pas ici aujourd'hui : il est allé à Paris pour tâcher de se raccommoder avec sa mère. La chère dame est fière.

PIERRE.

Est-ce qu'il a emmené mademoiselle.... madame...? comment donc dire?... la comtesse?... Ouf! j'ai bien d'la peine à lâcher ce mot-là!

LEROUX.

Non; tu la verras tout à l'heure. C'est qu'elle est à prendre sa leçon de français dans sa chambre.

PIERRE.

Comment! sa leçon de français! Est-ce qu'elle ne sait pas le français comme vous et moi?

LEROUX.

Si fait. Mais c'est que son mari, vois-tu, il est difficile : il est toujours à éplucher ce qu'elle dit. Si bien qu'elle veut apprendre.... là.... enfin tu m'entends?

PIERRE.

Elle doit être bien heureuse! Elle aimait un peu la toilette.

LEROUX.

Je crois bien qu'elle est heureuse! son mari l'aime tant!... Par exemple, il est drôle : il lui défend de causer avec une demoiselle qui est ici, et qu'il appelle sa femme de chambre; c'est pourtant une fille qui est très bien?... A ça près, c'est le meilleur mari du monde : si elle a envie de queuque chose, elle l'a tout de suite. Il rabâche bien un peu ; il trouve souvent à redire quand elle parle ; et l'autre jour encore, vois donc ce que c'est que les gens susceptibles, il lui disait : « Louise, je vous ai répété vingt fois qu'il ne faut pas dire Monsieur un tel et son épouse ; on dit Sa femme. »

PIERRE.

Eh bien ! en voilà d'une bonne ! Est-ce qu'il ne la tutoie pas ?

LEROUX.

Oh non ! ça n'est pas bon genre.

PIERRE.

Que c'est drôle tout ça !... Mais je voudrais bien voir madame.... la comtesse.

LEROUX.

C'est à peine si tu la reconnaîtras : elle a une tournure !... Ah ! c'est une dame à présent ! Elle avait même commencé la musique.... le piano ; mais, au bout d'un mois, l'commandant s'est impatienté ; il a dit que c'n'était pas la peine, qu'elle n'apprendrait jamais.... Tiens, la voilà qui vient.

———

SCÈNE II.

—

PIERRE, LEROUX ; LOUISE, *entrant par la gauche de l'acteur.*

LEROUX.

Louise, reconnais-tu ce luron-là ?

LOUISE.

Ah ! c'est Pierre !

LEROUX.

Eh oui ! mon filleul ! Dis donc, Louise, j'étais allé flâner chez l'aubergiste sur la route. J'ai rencontré Pierre, qui va rejoindre son régiment à Paris, et je lui ai dit : « Je ne te laisse pas passer comme ça ; il faut que tu déjeunes avec nous. »

LOUISE.

Certainement, mon père, vous avez très bien fait.

PIERRE.

Madame.... vous êtes.... (*A part.*) Oh ! qu'elle est belle ! (*Haut.*) C'est que je suis bien mal équipé pour déjeuner avec vous.

LOUISE.

Comment donc ! monsieur Pierre ; est-ce que c'est là une raison ?

LEROUX.

C'est bien, Louise, tu es une brave fille ! Pierre, dis-moi, quel vin veux-tu à ton déjeuner ?

PIERRE.

Ça m'est égal : mon Dieu, le meilleur.

LEROUX.

Va, sois tranquille.... et le café ! et le petit verre !... tu vas voir. (*Il sonne.*) C'est comme ça qu'ils viennent. (*A un domestique qui entre.*) Dites donc, monsieur Michel, vous prierez le cuisinier de nous faire à déjeuner pour trois.

LE DOMESTIQUE.

Est-ce que monsieur le comte revient aujourd'hui ?

LOUISE.

Je ne crois pas ; mais c'est monsieur qui déjeune
avec nous.

LE DOMESTIQUE.

Ah ! monsieur ?

LOUISE.

Oui, et dépêchez-vous, je vous prie. (*Le domestique
sort.*) Monsieur Pierre, asseyez-vous donc : vous devez
être bien las.

PIERRE.

Oh ! j'ai de bonnes jambes.

LEROUX.

A propos ! moi qui oubliais qu'il faut que je saigne
le cheval du commandant. Pierre, cause un peu avec
Louise : je ne tarderai pas à revenir.

SCÈNE III.

—

PIERRE, LOUISE.

LOUISE.

Il s'est passé bien des choses depuis que nous ne nous
sommes vus.

PIERRE.

Oui, on m'a écrit là-bas que votre cousine Annette
est mariée.

LOUISE.

Ah !

PIERRE.

Vous n'en saviez rien ? Et madame Dutour, la mercière, qu'est votre cousine aussi, y a-t-il long-temps que vous ne l'avez vue?

LOUISE.

Pas depuis mon mariage.

PIERRE, *à part.*

Ce que c'est que de devenir grande dame! (*Haut.*) Et votre oncle est-il établi?

LOUISE.

Je ne sais pas.

PIERRE, *à part.*

Il paraît qu'elle ne s'occupe guère de ses parents.

UN DOMESTIQUE.

Madame, voilà monsieur le comte qui arrive.

LOUISE.

Mon mari! quel bonheur!

—

SCÈNE IV.

—

PIERRE, LE COMTE, LOUISE.

LE COMTE, *entrant par le fond.*

Bonjour, ma chère amie.

LOUISE.

Embrasse-moi encore, mon chéri!

LE COMTE, *à demi voix.*

Avec qui êtes-vous donc? quel est cet homme?

PIERRE.

J'vous salue, mon commandant.

LE COMTE.

Mais je crois vous reconnaître: n'êtes-vous pas....

PIERRE.

Pierre Dupuis, servant au troisième régiment d'infanterie, caporal dans la première du deuxième.

LE COMTE.

Et vous rejoignez? C'est très bien. Michel, faites-lui donner à déjeuner. Adieu, mon ami; si vous le désirez, je vous recommanderai à votre colonel.

PIERRE.

Merci, mon commandant. Madame, j'vous salue; bien des compliments à mon parrain.

LE COMTE.

Qui donc son parrain?

LOUISE.

C'est mon père. Pierre est notre parent.... de loin : mon père l'avait.... invité à déjeuner.... avec nous.

LE COMTE, *à part.*

Allons, encore celui-là !

LOUISE, *voyant le mécontentement du comte et allant à Pierre.*

Adieu, Pierre.

LE COMTE.

Attendez.... restez, Pierre.... Déjeunez avec nous; vous repartirez ensuite.

PIERRE.

Faites excuse, mon commandant, je n'ai plus faim, et je suis pressé.

LE COMTE.

Mais....

LOUISE, *bas à Pierre.*

Restez; vous voyez qu'il le veut bien.

PIERRE.

Bien des remercîments; je n'ai que le temps de prendre mes jambes à mon cou.

LE COMTE.

Puisqu'on ne peut vous retenir, adieu donc; si je puis vous être utile, disposez de moi.

LOUISE, *à demi-voix.*

Si vous aviez besoin d'argent, Pierre?

PIERRE.

Vous êtes bien honnête.

LOUISE.

Oh! ne vous gênez pas.

PIERRE, *à part.*

Elle a bon cœur pourtant. (*Haut.*) J'vous salue, monsieur et madame.

SCÈNE V.

—

LOUISE, LE COMTE.

LE COMTE.

Qu'avez-vous, Louise?

LOUISE.

Je n'ai rien. C'est ce pauvre garçon qui s'en va bien triste; il dira que je suis fière; et c'est notre parent, après tout.

LE COMTE.

J'ai fait ce que j'ai pu pour le retenir quand j'ai su

qui il était; mais j'attends du monde aujourd'hui, et
vos parents....

LOUISE.

C'est toujours quand vous revenez de Paris que vous
parlez de mes parents, parce que vous avez vu le grand
monde. Dans les premiers mois de notre mariage vous
restiez avec moi, et vous n'en parliez pas.

LE COMTE.

Pardon, ma chère amie; mais vous devez comprendre....

LOUISE.

Pourquoi me dire vous? est-ce que vous ne m'aimez
plus?

LE COMTE.

Je t'aimerai toujours, ma Louise.

LOUISE.

Ces paroles me font bien du bien!

LE COMTE.

Ne dis donc pas bien du bien : est-ce qu'on parle
ainsi !

LOUISE.

Oh! ne te fâche pas! Mon maître est content de moi;
il dit que je fais des progrès. Y avait-il bien des fautes
dans la lettre que je t'ai écrite hier?

LE COMTE.

Quand je vois à chaque ligne que tu m'aimes, peu
m'importe ton style!... Mais tu ne me demandes pas
des nouvelles de mon voyage à Paris?

LOUISE.

As-tu vu ta mère? êtes-vous raccommodés?

LE COMTE.

Oui, et sans un mot d'explication. Je me suis jeté

dans ses bras, elle a pleuré, et tout est oublié. Elle va venir ici aujourd'hui même avec la baronne d'Hervilly, à qui je dois cette réconciliation.

LOUISE.

La baronne d'Hervilly?... Ah! oui, c'est cette jeune dame.... je m'en rappelle.

LE COMTE.

Il faut dire je me la rappelle. Je t'en prie, tâche de t'observer quand elle sera là.

LOUISE.

Tu ne m'as jamais tant reprise qu'aujourd'hui. Écoute, mon Édouard, je ferai de mon mieux pour qu'on ne dise pas que ton épouse.... que ta femme ne te fait pas honneur; mais il ne faut pas me gronder quand je dis mal. Laisse faire, va, l'hiver prochain, puisque tu veux retourner à Paris, et me mener dans les salons, tu verras comme je serai savante! Je commence déjà à bien savoir ma géographie.

LE COMTE.

Ta géographie?

LOUISE.

Oui, monsieur!... Je sais mon Europe sur le bout du doigt, et je vais commencer l'Asie.

LE COMTE.

Ah! ce n'est pas cela qu'il importe de savoir! Mais dans ce moment pensons à recevoir ma mère et madame d'Hervilly, qui vont arriver bientôt. Il faut tâcher de leur rendre ce séjour agréable.

LOUISE.

Si nous invitions quelques personnes?

LE COMTE.

Qui?

LOUISE.

J'oubliais de te dire que nos voisins les nouveaux propriétaires du château de Quincy sont venus nous faire visite pendant ton absence.

LE COMTE.

Ah ! le baron et la baronne de Versac ?

LOUISE.

Tu ne sais pas ? c'est une de mes anciennes pratiques.

LE COMTE.

La baronne !

LOUISE.

Oui, une dame qui m'a souvent fait travailler. Elle a été joliment étonnée de me trouver ici. Veux-tu que nous les invitions ?

LE COMTE.

C'est bon, c'est bon. Occupons-nous de ma mère et de madame d'Hervilly.... Tu es ❋grand négligé, Louise : si tu te parais ?

LOUISE.

Si tu m'aimes comme je suis, qu'ai-je besoin de plaire à d'autres ?

LE COMTE.

Je t'aime on ne peut davantage telle que tu es ; mais je voudrais que madame d'Hervilly et ma mère te trouvassent jolie.... très jolie.

LOUISE.

Que tu es singulier !... Je ferai tout ce que tu désireras ; mais je ne voudrais pas faire une grande toilette : je suis encore un peu gauche.

LE COMTE.

Eh bien, tu as raison ; oui, pas de toilette. Promets-moi seulement de bien retenir mes leçons pendant le dîner.

LOUISE.

Sois tranquille : tu seras content de moi. Je sais qu'il ne faut pas couper son pain ; qu'il faut.... Qu'as-tu donc à rire ?

LE COMTE.

Je ris de toi et de moi-même. Va, chère Louise, sois toujours bonne et douce comme tu l'es, tu n'auras pas besoin d'autre art pour me charmer.

LOUISE.

Que je suis heureuse!... Pour de l'amour et de la docilité, tu sais que j'en aurai toujours.

Elle sort.

SCÈNE VI.

LE COMTE, seul.

Excellente enfant! En vérité j'ai honte de gâter un si aimable naturel par toutes ces conventions niaises qu'on appelle les bonnes manières. Pauvre Louise, ta candeur et ta simplicité valent bien mieux que les talents qui te manquent!... Ah! vous voilà, Leroux?

SCÈNE VII.

—

LE COMTE , LEROUX.

LEROUX.

Bonjour, commandant. Vous avez fait un bon voyage?

LE COMTE.

Très bon.

LEROUX.

Allons , tant mieux.

LE COMTE.

Aviez-vous quelque chose à me dire?

LEROUX.

Oui, vraiment.

LE COMTE.

Eh bien, parlez.

LEROUX.

Je viens vous dire adieu. Je m'en retourne à Paris.

LE COMTE.

A Paris! vous? Et pourquoi?

LEROUX.

J'ai des affaires.

LE COMTE.

Quelles affaires pouvez-vous avoir?

LEROUX.

Oh! nous autres, pauvres diables , nous n'avons pas de grandes affaires ; et ce n'est pas la peine de vous ennuyer. Adieu donc, commandant ; je vous souhaite une bonne santé, et je décampe.

LE COMTE.

Que diable avez-vous, Leroux? Vous semblez de mauvaise humeur.

LEROUX.

Moi? Oh ! pas du tout.

LE COMTE.

Si fait ; soyez franc : que vous est-il arrivé? Quelqu'un vous aurait-il offensé?

LEROUX.

Offensé! personne. Je serais bien bon de m'offenser, par exemple ! Je sais bien que je ne suis pas le maître ici; que ce n'est pas à moi de commander : c'est à celui qui paie la soupe à inviter qui il veut pour la manger; c'est trop juste, et j'aurais tort de me plaindre. Aussi je ne me plains pas, et je file.

LE COMTE.

Ah ! je vous comprends enfin, Leroux : Pierre vous a parlé. Mais est-il bien extraordinaire que...?

LEROUX.

Non, morbleu, ça n'est pas extraordinaire! Et si j'étais un homme comme vous, ancien chef d'escadron, riche, noble, tout ce que vous voudrez.... eh bien , je me donnerais des airs bien plus que vous. Mais, voyez-vous, je sens que je n'suis pas ici à ma place; et l'histoire de Pierre , qui veut s'en aller le ventre vide parce qu'il s'est piqué, ça m'a fait ouvrir les yeux. Je me suis dit : « Que fais-tu là? » Et alors mon parti a été bientôt pris : je r'tourne rue du Faubourg-Saint-Denis.

LE COMTE.

Leroux , je ne vous laisserai pas partir comme cela.

LEROUX.

Non, tenez, puisque j'ai tant fait que d'me déboutou-

ner, j'm'en vas vous dire toute la vérité. Je m'ennuie
ici, parce que je n'y suis pas à mon aise, et je n'y suis
pas à mon aise parce que je n'suis pas comme j'ai l'ha-
bitude d'être. J'suis obligé de me contraindre en tout ,
de déjeuner à midi et de dîner à six heures. Dans votre
beau salon je n'peux pas fumer ma pipe ; vos domesti-
ques se moquent de moi. Ma foi , je serais bien bon de
me gêner plus long-temps pour vous tourmenter et moi
aussi !

LE COMTE.

Il me semble que vous ne faites ces réflexions-là que
d'aujourd'hui seulement.

LEROUX.

Faites excuse , mon commandant : il y a long-temps
que je pense tout ça. Je suis vieux , queuquefois un peu
grognon ; j'aime à fréquenter de vieux troupiers comme moi , à faire avec eux ma partie de domino à l'estaminet : là je suis à mon aise ; ici je me gêne et je vous
gêne. Les étrangers qui viendront vous voir se gausse-
ront de moi et de vous ; vous perdrez vos amis et je
perdrai les miens.... Pour ma fille , elle est votre femme ; vous devez la garder. Elle va prendre les manières
des grandes dames ; et puis quand même, si on se moque
d'elle, vous êtes son mari, et c'est votre devoir de couper les oreilles aux rieurs.

LE COMTE.

Leroux , vous me faites de la peine.

LEROUX.

Et à moi aussi ça me fait de la peine de vous quitter.
Mais que voulez-vous ? Séparons-nous bons amis ; je
reviendrai vous voir plus d'une fois : le matin , quand
vous serez seul , j'vous demanderai à déjeuner, pour

mon second, s'entend. Je ne suis pas fâché, mon commandant ; je vous aime tout de même, mais adieu. Ce soir je veux fumer ma pipe à l'estaminet du Cheval-Blanc.

LE COMTE.

Au moins je vous reverrai bientôt ?

LEROUX.

Oui, à la bonne heure ! Ah çà, nous ne parlerons pas à ma fille de tout ce que nous venons de dire : c'est entre nous. J'vais l'embrasser, et je pars.

Il sort.

SCÈNE VIII.

—

LE COMTE, seul.

Je trouve tant de vertus !... et pourtant.... si peu de bonheur !

UN DOMESTIQUE, apportant une harpe, des pinceaux et de la musique.

Voilà tout ce que monsieur le comte a demandé.

LE COMTE.

C'est bien. (*Le domestique sort.*) La baronne pourra nous chanter quelques airs de Rossini. Il y a si long-temps que je n'ai entendu de bonne musique !... Comme elle est aimable ! venir ici ! elle à qui j'ai préféré.... Mais elle a tant de grâces ! tant d'esprit !... Je crois, en vérité, qu'elle est encore embellie !... Pourvu que Louise soit bien !... Elle n'est pas en beauté aujourd'hui.... Si elle allait être timide et gauche !... Je tremble !...

Quelle faiblesse !... j'en ai honte !... Ne sont-ce pas de
sots préjugés que j'ai sacrifiés ?... et la naïveté de Louise
n'est-elle pas préférable à la coquetterie de la baronne ?...

SCÈNE IX.

—

LE COMTE; LOUISE, *accourant par la gauche de
l'acteur.*

LOUISE.

Édouard, une voiture entre dans la cour.

LE COMTE.

C'est sans doute ma mère et madame d'Hervilly.

LOUISE.

O mon Dieu, comme j'ai peur !

LE COMTE.

Allons au-devant d'elles.... mais remettez-vous....
remettez-vous donc !... Et, je t'en prie, ma Louise,
prends bien garde à ce que tu diras !... Ah ! les voici.

SCÈNE X.

—

LA BARONNE D'HERVILLY, LA COMTESSE, LE
COMTE, LOUISE.

LA COMTESSE.

Bonjour, Édouard.... Bonjour.... madame.

LOUISE.

Je suis....

LE COMTE, *l'interrompant.*

Que je suis heureux de vous voir ! (*A la baronne.*) Permettez que je vous présente madame de Lesseville.

LA BARONNE.

Il y a long-temps que je désirais faire avec madame une plus ample connaissance.

LOUISE.

Vous êtes bien bonne, madame, et je vous remercie bien, car....

LE COMTE, *l'interrompant.*

N'êtes-vous pas fatiguée ?

LA BARONNE.

Pas du tout.... Mais, en vérité, chère comtesse, ce château est délicieux.

LA COMTESSE.

J'y ai trouvé, dans des temps malheureux, un abri[1] contre les chagrins.

LA BARONNE.

Et votre fils y cherche aujourd'hui un asyle contre les plaisirs.

LE COMTE.

C'est que je crois que, si les chagrins détruisent le bonheur, les plaisirs le dérangent.

LA COMTESSE.

Et vous êtes heureux ?

LE COMTE.

Oui, très heureux !

LA COMTESSE, *à demi-voix.*

En êtes-vous bien sûr ?

LE COMTE.

Très heureux.

LA COMTESSE, *à Louise.*

Et vous, madame?

LOUISE.

Si je suis heureuse!... Il est toujours avec moi.

LA BARONNE.

Ce bonheur-là peut suffire pendant l'été; mais, cet hiver, vous reviendrez à Paris. Il ne faut pas nous enlever entièrement M. le comte, et vous-même vous ne devez pas vous séquestrer du monde.

LOUISE.

Je ferai ce que mon mari voudra. Et j'avoue que je ne serai pas fâchée de revoir ma famille, mes amies d'enfance....

LE COMTE, *l'interrompant.*

Oui, sans doute, oui, nous irons à Paris. (*A la baronne.*) Si vous vouliez jeter un coup-d'œil sur le parc, sur les jardins?

LA BARONNE.

Tout à l'heure. Oh! vous aurez le temps de faire le propriétaire; je vous promets de tout examiner. (*Regardant la harpe et la musique.*) Ah, je vois que les arts charment votre solitude! Cette harpe et ces pinceaux sont à madame?

LOUISE.

Non vraiment.... vous sentez bien que ce n'est pas...

LE COMTE, *l'interrompant.*

La comtesse ne s'est occupée que du piano; et c'est à votre intention que j'ai fait apporter tout cela ici.

LA BARONNE.

J'en suis reconnaissante.

LA COMTESSE, *à part.*

Pauvre Édouard! comme il est embarrassé!

UN DOMESTIQUE, *entrant.*

M. le comte, un exprès apporte cette lettre de l'auberge voisine; on attend une réponse.

LE COMTE.

Vous permettez, madame? (*Il ouvre la lettre.*) Ah! c'est de ce fou de Monbray : il arrive de Grèce.

LA BARONNE.

Il revient, j'en suis charmée.

LE COMTE.

Écoutez ce qu'il m'écrit :

« Mon cher Édouard, j'arrive de Morée, et, en m'ar-
« rêtant près de ton château, j'apprends que tu l'ha-
« bites en ce moment, et de plus, que tu t'es marié
« pendant mon absence. Je peux rester ici deux heu-
« res, et, si tu veux me présenter à la comtesse de
« Lesseville, que je n'ai pas l'honneur de connaître,
« j'irai déposer mes hommages à ses pieds, heureux
« de rencontrer chez toi un avant-goût des plaisirs
« que je vais retrouver à Paris. J'attends ta réponse à
« l'auberge.

                « Ton affectionné et bien ennuyé camarade,
                        « Chevalier DE MONBRAY. »

LA BARONNE.

Il faut qu'il vienne, il nous amusera.

LE COMTE.

Je ne demande pas mieux.

LA COMTESSE.

Allez le chercher, Édouard.

LE COMTE.

Vous avez raison, ma mère; l'auberge est ici près :

je vais le trouver, et j'amène à vos pieds le vainqueur
des Musulmans.

Il sort.

SCÈNE XI.

—

LA BARONNE, LA COMTESSE, LOUISE.

LA COMTESSE.

Ma chère Angeline, vous devriez exécuter quelque
chose sur cette harpe.

LA BARONNE.

Cela n'amuserait peut-être pas madame de Lesseville.

LOUISE.

Si fait, madame.

LA BARONNE.

Quel est cet ouvrage que j'aperçois là?

LOUISE.

C'est une broderie.

LA BARONNE.

C'est extrêmement joli.

LOUISE.

Vous trouvez?... Celle que vous portez est bien plus
belle!... Est-ce votre ouvrage?

LA BARONNE, *souriant.*

Mon ouvrage!... non. Elle sort de chez Minette.

LOUISE.

Mon Dieu! elle est déchirée!

LA BARONNE.

Vraiment!... C'est sans doute en descendant de
voiture.

LOUISE.

Je peux y coudre un point.

LA BARONNE.

Oh! je ne voudrais pas que vous prissiez cette peine.

LOUISE.

Je vous en prie, ce sera un plaisir pour moi de vous être utile.

LA BARONNE.

Non, non; c'est trop de bonté! Je n'y consentirai point.

LA COMTESSE, *à part.*

Sa naïve simplicité me touche!

UN DOMESTIQUE, *annonçant.*

Monsieur de Monbray.

SCÈNE XII.

—

LOUISE, LA BARONNE, LA COMTESSE, M. DE MONBRAY.

MONBRAY.

Mille pardons, mesdames, de me présenter ainsi; je n'ai pas eu la patience d'attendre.

LA COMTESSE.

Mon fils est allé vous chercher.

MONBRAY.

Ce cher Édouard est bien bon! Mais à peine mon exprès était-il parti avec ma lettre que j'ai réfléchi : c'est ce qui m'arrive toujours. J'ai songé que, n'ayant que deux heures à rester ici, il était ridicule d'en pas-

ser une dans une misérable auberge, et je me suis mis
en route : j'aurai pris un autre chemin qu'Édouard. J'é-
tais empressé d'offrir mes hommages respectueux à la
comtesse de Lesseville. (*S'adressant à la baronne.*)
Mais j'ignorais tout le bonheur de mon ami. (*A la*
comtesse.) Je ne pensais pas non plus vous rencontrer
en ce château, madame. (*Il regarde Louise.*) Eh ! mais
je suis enchanté de me trouver ici en pays de connaissance. Est-ce que vous ne vous souvenez plus de
moi ?

LA COMTESSE, à part.

Que vais-je apprendre ? Profitons de son erreur.

LOUISE.

Je me souviens d'avoir vu monsieur chez madame
Robert, cette grosse lingère de la rue Saint-Honoré.

LA BARONNE, à Monbray.

Vous connaissez des lingères ?

MONBRAY.

En tout bien, tout honneur ! Une ancienne femme
de chambre de ma mère, qui a recueilli un héritage,
et élevé un magasin, où l'on voit toujours des demoi-
selles de boutique charmantes.

LA BARONNE.

En vérité !

MONBRAY.

Madame Robert a été vingt ans à la maison ; elle m'a
soigné quand j'étais enfant, et la reconnaissance....

LA BARONNE.

Les jolies filles de boutique.

MONBRAY.

Et mon goût pour l'observation m'ont conduit quelquefois chez elle. (*A Louise.*) Qu'est devenue cette

5

petite brune au nez retroussé, à la physionomie piquante?

LOUISE.

Celle que vous meniez promener si souvent, Cécile
Bizot?

MONBRAY.

Non.... non....

LOUISE.

Ah! ma cousine Dutour?...

SCÈNE XIII.

—

LOUISE, LA BARONNE, MONBRAY, LE COMTE,
LA COMTESSE.

LE COMTE.

Te voilà, mon cher Monbray!... Parbleu! tu m'as
fait courir....

MONBRAY.

Pardonne-moi, mon ami : je désirais tant te revoir!
Mais mon empressement eût été encore plus vif si
j'avais su qui je trouverais ici....

LE COMTE.

En effet.... je suis désolé de n'avoir pu te présenter
à la comtesse de Lesseville.

MONBRAY.

Pendant dix mois en Morée, je n'ai rien su de ce qui
se passait dans notre cher Paris. J'ai appris à l'auberge
que tu étais marié.... Reçois tous mes compliments sur

ton choix. Tant de beauté, de grâces et d'esprit, te pro-
mettent le bonheur! une société délicieuse!

LE COMTE.

Je mène une vie retirée.

MONBRAY.

Je comprends, pour quelques mois. Premiers moments de l'amour, que n'oublierait-on pas pour vous!
Mais il ne faut pas d'égoïsme : tu n'as pas quitté le
monde pour toujours.

LA BARONNE.

Nous espérons bien que M. de Lesseville passera
l'hiver à Paris.

MONBRAY.

A la bonne heure! J'oublierai tous mes ennuis près
de vous : on a tant besoin de s'amuser quand on a du
chagrin!

LE COMTE.

Le tien ne nous donnera pas d'inquiétude.

MONBRAY.

Oh! j'en ai un réel! une passion malheureuse!

LA COMTESSE.

Vous, monsieur de Monbray?

MONBRAY.

Oui, moi! ne riez pas! Savez-vous que j'ai été aussi
sur le point de me marier? Mais c'était bien différent!
une vraie folie! un mariage d'amour! une jeune fille
qui ne m'apportait pour dot que des vertus.... J'ai réfléchi à l'inconvenance, et j'ai rompu.

LE COMTE.

Comment! le chevalier de Monbray n'a pas craint
d'abandonner une jeune fille dont il était aimé?

MONBRAY.

Entre nous, c'était un mariage extravagant!... une famille ridicule!... Il m'a fallu du courage.... mais il n'y a rien de tel que nous autres étourdis pour agir raisonnablement. Vrai, regarde dans le monde, sur dix sottises, il y en a neuf qui sont faites par de prétendus sages.

LE COMTE.

C'est souvent un devoir, et non une sottise, que d'agir contre l'usage.

MONBRAY.

Bah! il est déjà assez difficile d'avoir raison comme tout le monde; jugez donc s'il fallait avoir raison à soi tout seul !... J'ai senti cela, et je cherche à me distraire. Je vais retrouver à Paris d'anciens souvenirs. (*A Louise.*) Vous disiez donc que la cousine Dutour ?...

LOUISE.

Monsieur, elle s'est établie mercière, rue aux Ours.

MONBRAY.

Rue aux Ours!... qui aurait dit cela !

LE COMTE, *s'approchant.*

Mais....

MONBRAY.

Laisse-moi donc; je connaissais mademoiselle Louise Leroux.

LE COMTE.

Vous connaissiez?...

MONBRAY.

Mais honni soit qui mal y pense! Mademoiselle Louise était une vertu sévère!

LE COMTE.

Monsieur....

MONBRAY.

Ne vas-tu pas prendre de grands airs parce que tu es
marié? D'ailleurs mademoiselle appartient à madame,
et j'ai trop de respect....

LOUISE, *à part.*

Malheureuse !

LE COMTE.

Qu'osez-vous dire?

LA BARONNE.

Vous vous trompez, monsieur.

LOUISE.

Édouard ! Édouard !...

MONBRAY.

Que signifie cela?

LE COMTE, *allant se placer à côté de Louise.*

Que vous vous êtes mépris, et que voici la comtesse
de Lesseville.

MONBRAY.

Grand dieu! qu'ai-je fait!... Mais qui se serait dou-
té?... Veuillez m'excuser, madame.... Et toi, mon ami,
crois que, si j'avais pu soupçonner....

LE COMTE, *se contraignant.*

Je ne vous en veux pas; je ne dois pas vous en vouloir : vous ignoriez....

LA COMTESSE.

Sans doute. Allons, qu'il ne soit plus question de tout
cela : je voudrais prendre un moment de repos.

LA BARONNE.

Et moi changer de toilette.

LA COMTESSE.

Nous vous retrouverons ici, M. de Monbray?

MONBRAY.

Je ne sais, mesdames, si j'aurai ce bonheur : il faut
que je me rende à Paris.

LE COMTE.

En effet, après une campagne, on est pressé de raconter ses exploits, de montrer ses trophées, ses bles-
sures.

MONBRAY.

Il n'y en a pas pour tout le monde.

LE COMTE.

Comment donc! Demain, chez Tortoni, au foyer de
l'Opéra, M. de Monbray sera un héros.

MONBRAY.

Édouard!...

LE COMTE.

Comme on va frémir dans les boudoirs, dans les
coulisses, au seul récit de ses dangers!

MONBRAY.

Encore une fois, Édouard!...

LE COMTE.

Il faudra nous envoyer un exemplaire du journal qui
en publiera la relation : cela nous divertira.

MONBRAY.

Lesseville, ce ton de persiflage....

LE COMTE.

Oh! j'ai tort : il est dangereux de plaisanter un guer-
rier tel que le chevalier de Monbray !

MONBRAY, *à demi-voix*.

Peut-être !

LA COMTESSE, *se plaçant entre le comte et Monbray.*

Eh bien, messieurs, que veut dire cela?

LA BARONNE.

Êtes-vous fous tous les deux?

LOUISE, *à part.*

Édouard a l'air fâché.

LE COMTE, *avec un sourire forcé.*

Ce n'est rien, mesdames, rien qu'un badinage; et M. de Monbray a l'esprit bien fait!

LA COMTESSE.

A la bonne heure! (*A demi-voix au comte.*) Mon cher Édouard, mon fils, revenez à vous, et supportez le sort que vous avez choisi. (*A la baronne.*) Allons, ma chère Angéline!... M. de Monbray, à revoir!... Vous êtes l'hôte de mon fils.

MONBRAY.

Je ne l'oublierai pas.

SCÈNE XIV.

LOUISE, LE COMTE, MONBRAY.

MONBRAY, *à demi-voix.*

Ah çà, Édouard, avez-vous perdu la raison? Que dois-je penser d'un pareil langage?

LE COMTE, *à demi-voix.*

Est-ce qu'il vous offense?

MONBRAY, *à demi-voix.*

Vous devez comprendre que, si je n'étais pa chez vous....

LE COMTE, *à demi-voix.*

Oh! ne vous gênez pas!... Mais, silence; nous causerons de cela tout à l'heure dans le parc. (*Haut.*) Eh bien, M. de Monbray, ne faisons-nous pas un tour de promenade?

LOUISE.

Édouard, vous me quittez?

LE COMTE.

Pour un instant, ma chère amie. Occupez-vous de ma mère, de la baronne ; je reviens bientôt. Ne faut-il pas que je fasse les honneurs de ma maison à un ancien ami?

LOUISE.

Ne soyez pas long-temps. Ici je n'ai que vous.

LE COMTE.

N'êtes-vous pas chez vous, madame?... Mais j'aperçois votre père; il vous cherche; il veut vous parler.

MONBRAY, *à part.*

Ah! c'est là le beau-père!

LE COMTE, *à Monbray.*

Allons, je suis à vous.

SCÈNE XV.

—

LOUISE, LEROUX.

LEROUX.

Qu'est-ce qu'il y a donc? Tu es toute je ne sais comment.

LOUISE.

Rien, rien, mon père.

LEROUX.

Si fait, parbleu, il y a quelque chose. Et qu'est-ce que c'est que ce nouveau-venu? Il m'a regardé d'une façon qui ne me plaît pas.... Ah bast!... Écoute donc, il y a une heure que je te cherche pour te dire adieu : j'vas à Paris.

LOUISE.

Vous partez?

LEROUX.

Oui, j'ai quelques affaires.

LOUISE.

Hélas! mon Dieu! je crois deviner!... et je n'ose pas vous retenir!

LEROUX.

Il faut que je m'en aille. Embrasse-moi, ma fille, et porte-toi bien.

LOUISE.

Adieu donc, adieu, mon père. (*On entend deux coups de feu.*) Qu'est-ce que j'entends là?

LEROUX.

Des chasseurs, apparemment. Allons, Pierre m'attend ; je l'ai empêché de partir : nous ferons route ensemble.

LOUISE.

Au moins, mon père, je vous reverrai bientôt?

LEROUX.

Oui, sans doute, oui, mon enfant, je viendrai te voir. Adieu, Louise.

SCÈNE XVI.

—

LOUISE, *seule.*

Il est parti!... Me voilà seule!... seule pour toujours !...

UNE VOIX, *dans la coulisse.*
Au secours! Michel! Joseph!...

LOUISE.
Grand Dieu! qu'y a-t-il?

LA BARONNE, *sortant de son appartement.*
Qu'est-ce donc?

LA COMTESSE, *accourant.*
Qu'est-il arrivé?

—

SCÈNE XVII.

—

LA BARONNE, LEROUX; LE COMTE, *entrant par
la porte du fond : il est blessé, et s'appuie sur Leroux
et sur un domestique, qui place un siége au milieu
du théâtre;* LOUISE, LA COMTESSE.

LOUISE, *courant au-devant du comte.*
Ah! mon mari!

LA COMTESSE.
Mon fils!

LA BARONNE.
Du secours! du secours! un chirurgien!

LEROUX.

Pas tant de bruit ; il n'y a pas de danger. Le camarade n'en est pas quitte à si bon marché : il a une jambe cassée.

LA BARONNE.

Comment ? et pourquoi ?...

LEROUX.

Dame ! le commandant aura voulu châtier cet insolent, qui se sera moqué de Louise.

LA COMTESSE.

Hélas ! j'en tremblais !

LE COMTE.

Ce n'est rien, ce n'est rien ; tranquillisez-vous.

LOUISE.

Mon Édouard ! Dieu ! comme il est pâle ! Il va perdre connaissance !... Malheureuse que je suis !

LA COMTESSE, *l'arrachant d'auprès du comte.*

Laissez-moi, laissez-moi secourir mon fils.

LOUISE.

Ne me repoussez pas.

LA COMTESSE.

Retirez-vous.

LOUISE.

Non, non ; c'est à moi de le soigner.

LA COMTESSE.

Malheureuse ! c'est vous qui l'avez tué !

LOUISE, *poussant un cri déchirant.*

Ah !...

LEROUX, *qui a pansé la blessure.*

Eh je vous dis qu'il n'y a pas d'inquiétude pour sa vie !

LA BARONNE.

Il ouvre les yeux.

LA COMTESSE.

Mon fils !

LE COMTE.

Ma mère ! (*Ils s'embrassent.*) Louise !...

LOUISE, *courant auprès du comte.*

Oh ! pardonne-moi ! pardonne-moi !... Ah ! je le sens, il n'y a pas de bonheur possible entre nous !

LE COMTE.

Que dis-tu ?

LOUISE.

Édouard, votre cœur, je peux le deviner souvent ; mais vos idées, je ne peux pas les comprendre. Je dois vous rendre votre liberté.

LE COMTE.

Louise !...

LOUISE, *à la comtesse.*

Occupons-nous de sa blessure ; madame... madame...

LA COMTESSE.

Oui, mon enfant, oui !...

LEROUX.

Soyez donc tranquille : ce ne sera rien.

LA BARONNE, *à part.*

Son règne est passé.

FIN DU DEUXIÈME ACTE.

ACTE III.

Le théâtre représente la chambre à coucher de Louise dans l'hôtel du comte de Lesseville : le lit occupe le fond ; la porte d'entrée est à la gauche de l'acteur ; une fenêtre est sur le premier plan à droite ; et du même côté, sur un plan incliné, est une porte vitrée conduisant dans d'autres appartements. Une toilette est placée à la gauche de l'acteur et une table est à la droite : auprès de chacun de ces meubles est une causeuse.

Au lever du rideau, Louise est endormie sur la causeuse près de la toilette ; une bougie brûle encore ; il fait grand jour.

SCÈNE PREMIÈRE.

—

LOUISE, *endormie;* LE COMTE, *entrant, suivi d'un domestique qui porte un riche nécessaire, et le dépose sur la table à droite.*

LE COMTE.

Posez cela ici, et laissez-moi. (*Le domestique se retire.*) Voici l'anniversaire de mon mariage ; un an aujourd'hui ! (*Il soupire.*) Que vois-je? Louise !... Elle dort !... La bougie brûle encore... Elle ne s'est pas couchée !... Son sommeil paraît agité !...

LOUISE, *dormant; elle a l'air d'écouter l'heure.*

Une.... deux.... trois.... Trois heures du matin !... Il ne reviendra plus !... Comme le bal est brillant !... Que de fleurs !... dé diamants !... Comme elles sont jolies ces femmes !... comme elles dansent bien !...

LE COMTE.

Pauvre Louise !

LOUISE, *toujours dormant.*

Si je pouvais aussi ?... Non !... elles rient toutes....
elles se moquent de moi.... Dieu!... sortons! (*Elle
s'agite, fait un mouvement pour se lever, et s'éveille.*)
Ah ! Édouard, mon Édouard! te voilà ! Tu rentres ?

LE COMTE.

Chère amie, je suis rentré depuis long-temps : il est
dix heures du matin.

LOUISE.

Ah !... je me suis endormie.... là.... je ne sais comment.

LE COMTE.

Veiller ainsi !... Louise, tu te rendras malade.

LOUISE.

Je lisais.... je travaillais.... le sommeil m'a surprise.

LE COMTE.

Louise, tu me trompes! ton inquiétude seule t'a fait
attendre mon retour.

LOUISE.

Cher Édouard, pardonne!... Quand, de cette fenêtre, je t'ai vu rentrer dans ton appartement.... je dors
mieux.... je repose plus tranquille.

LE COMTE.

Les réunions se prolongent tard.

LOUISE.

Oui, bien tard!...

LE COMTE.

Ces devoirs de société, depuis trois mois que nous
sommes de retour à Paris, tu les partageais avec moi,
puis tu y as renoncé.

LOUISE.

Tu n'as éprouvé que trop d'humiliations à cause de moi !... Édouard, ces plaisirs, tu n'en jouissais pas quand j'étais là ! Inquiet de tout ce que je disais, troublé par la crainte de me voir l'objet des railleries de tes belles dames, tu étais malheureux ! Et moi, comme je souffrais ! Seule auprès de toi je suis parvenue peut-être à m'exprimer sans trop de ridicule ; mais dans ces brillants salons je me sens gauche, embarrassée ; je ne peux pas trouver une parole ; je te fais rougir ! Je l'ai vu, et je me suis dit : Laissons-lui les amusements auxquels il est habitué ; n'ôtons rien à son bonheur, ajoutons-y seulement l'amour.... Quand il sera las de ces plaisirs bruyants, il reviendra près de moi. Dans le monde il s'amusera ; ici il sera aimé.

LE COMTE.

Bonne Louise !... je ne t'oublie pas. Vois ces bagatelles ; je les ai achetées pour toi : cela te plaît-il ?

LOUISE.

C'est charmant !... Que tu es bon de penser à moi !

LE COMTE.

Chère amie !

Il lui baise la main.

LOUISE.

Tu baises ma main comme si j'étais une grande dame.

LE COMTE, *l'embrassant.*

L'aimes-tu mieux ainsi ?

LOUISE.

Il y a un an aujourd'hui que je suis ta femme : puisses-tu ne pas trop te repentir !

LE COMTE.

Me repentir !

LOUISE.

Il y a des moments où je suis bien heureuse!... ce-lui-ci, par exemple : je ne t'avais pas vu seul depuis long-temps. Viens t'asseoir là, près de moi. (*Ils vont s'asseoir sur la causeuse près de la table à leur droite.*) T'es-tu bien amusé à ce bal? Qui as-tu vu?

LE COMTE.

Toute la France y était : d'abord la belle duchesse de la Trémouille.

LOUISE, *riant.*

La Trémouille!... Oh! quel drôle de nom!

LE COMTE.

C'est un nom, Louise, qu'il n'est pas permis d'ignorer en France.

LOUISE.

Ah!... Et ensuite?

LE COMTE.

Quand je te nommerais d'autres personnes, leurs noms te seraient tout aussi inconnus.

LOUISE, *soupirant.*

C'est vrai!... Mais tu y as vu madame d'Hervilly?

LE COMTE.

Oui, sans doute.

LOUISE.

Et qu'a-t-on fait?

LE COMTE.

Ce qu'on fait partout. Madame Malibran a chanté un air d'*Otello*.... Mais tu ne connais pas la mu-sique italienne : tu n'as pas voulu d'une loge aux Bouffes.

LOUISE.

Tu sais bien que ce n'est pas ma faute : le jour où

tu m'y as conduite, je me suis endormie au premier
acte.

LE COMTE.

Après la musique, on a dansé, on a joué à l'écarté et
l'on a soupé.

LOUISE.

Et les toilettes?

LE COMTE.

Charmantes; mais dire de quoi elles se composaient
me serait impossible.

LOUISE.

As-tu dansé?

LE COMTE.

J'ai valsé avec madame d'Hervilly.

LOUISE.

Elle était bien mise?

LE COMTE.

Comme un ange! une robe de tulle garnie de camélias.

LOUISE.

Ah! vous avez retenu sa toilette, à elle?... Avez-vous
gagné à l'écarté?

LE COMTE.

Je n'ai pas joué; je suis resté à causer : on racontait
des histoires si drôles et d'une façon si piquante!...

LOUISE.

Dites-les-moi.

LE COMTE.

Il faudrait, pour que cela t'intéressât, connaître les
personnages.

LOUISE.

Qui contait ces histoires?

LE COMTE.

Madame d'Hervilly.

LOUISE, *se levant après un moment de silence.*

Édouard.... il y a dans notre union un hasard malheureux : nous n'avons eu ni l'un ni l'autre le temps de réfléchir.

LE COMTE.

Que dis-tu?

LOUISE.

Pendant quelque temps j'ai cru qu'à force d'étudier je pourrais m'élever jusqu'à vous.... mais je vois bien qu'il y a des choses qu'il faut apprendre dès l'enfance.... Vous-même vous avez renoncé à m'instruire; vous ne me reprenez plus.

LE COMTE.

Tu as fait de grands progrès; tu t'es formée.

LOUISE.

Oh non!... je sens que tu ne peux pas causer avec moi comme tu le fais.... avec madame d'Hervilly, par exemple.

LE COMTE, *embarrassé.*

Madame d'Hervilly!

LOUISE.

Près d'elle, près de ta mère, je suis mal à l'aise. Si tu savais combien j'ai besoin de trouver des gens qui ne me dédaignent pas!... Et, puisque je ne pourrai jamais convenir à tes parents, permets-moi de recevoir quelquefois les miens.

LE COMTE.

Je ne m'y oppose pas, si tu crois que cela peut te rendre plus heureuse.

LOUISE.

Que je suis contente! Depuis mon mariage, je n'ai vu aucune de mes amies d'enfance, et je t'avoue, Édouard, que je n'avais pas attendu ta permission pour engager ma cousine à venir passer la journée avec moi.

LE COMTE.

A la bonne heure.

LOUISE.

C'est ma plus ancienne compagne. Je me fais une grande joie de la revoir, de causer avec elle.

LE COMTE.

Eh bien, soit.

LOUISE.

A propos, j'oubliais : voilà une invitation de madame de Vérigny; elle m'est adressée.

LE COMTE.

La sœur de Monbray. C'est à son frère que tu dois cette invitation; il a pour toi, lui, tous les égards que la comtesse de Lesseville est en droit d'attendre.

LOUISE.

Tu le lui a appris un peu rudement, il y a trois mois.

LE COMTE.

Ah! oui, une jambe cassée. Pauvre ami! j'en ai été désolé. C'est un étourdi, mais il a un cœur excellent! Il n'a cessé, depuis ce temps, de chercher à réparer ses torts involontaires envers toi.... Ah! mon Dieu, bientôt onze heures! Pardon, ma chère Louise, il faut que je te quitte; je déjeune avec quelques amis, puis je dois monter à cheval.

LOUISE.

Tu iras au bois de Boulogne? Il y a des femmes qui savent monter à cheval : madame d'Hervilly, sans doute?

LE COMTE.

Oui, je crois qu'oui. Mais, à revoir, tu dois être fatiguée... Allons, repose-toi jusqu'à mon retour.

SCÈNE II.

—

LOUISE, *seule*.

Il s'en va ! Je ne sais pourquoi je me sens si agitée ! Il m'aime.... j'en suis sûre !... S'il avait préféré madame d'Hervilly, il l'aurait épousée !... Pourquoi donc ce nom me fait-il mal?... C'est moi, moi seule qu'il aime !... Ah ! si je cessais de lui plaire, il faudrait mourir !... Mais chassons ces tristes idées. Il faut que je m'occupe de ma toilette !... Ma cousine Dutour viendra sûrement de bonne heure.... je suis sûre qu'elle va m'égayer. (*Elle sonne; une femme de chambre entre.*) Sophie, je vais m'habiller ; ma toilette.

La femme de chambre va chercher des robes, etc., par la porte vitrée de droite, et rentre en même temps que madame Dutour, qui arrive par la porte de gauche.

SCÈNE III.

—

LOUISE, Madame DUTOUR, SOPHIE.

MADAME DUTOUR.

Ne m'annoncez pas : je suis madame Dutour, la cousine de madame; je n'ai pas besoin qu'on m'annonce. Bonjour, ma cousine; comment vous en va, ma cousine ?

LOUISE, *l'embrassant.*

Pas mal aujourd'hui, et vous?

MADAME DUTOUR.

A merveilles !... Ah çà, je viens vous remercier de l'amabilité que vous avez eue de m'inviter à passer la journée avec vous.

LOUISE.

Est-ce que vous ne pouvez pas ?

MADAME DUTOUR.

Si fait, si fait! Je serai seulement obligée de vous quitter une heure pour une affaire de mon commerce, et puis je reviendrai : c'est pour ça que j'arrive de bonne heure. Entre amies, on a bien des choses à se raconter quand il y a long-temps qu'on ne s'est vu. Il paraît tout de même que M. de Lesseville, votre mari, mon cousin, ne se souciait guère de me voir, depuis trois mois que vous êtes à la ville! Enfin, je me disais, il faudra bien finir par faire connaissance, puisque c'est mon cousin. Mais c'était vexant d'avoir un cousin comte et si riche, et de ne pas le connaître!... Car je ne l'ai jamais vu votre mari!... Est-il joli garçon ?

LOUISE.

Il est très bien.

MADAME DUTOUR.

Tant mieux, ça ne peut pas nuire. (*Elle examine les robes.*) Oh! que c'est joli tout cela! quelle belle robe! Qui est-ce qui aurait dit que vous seriez un jour comtesse? Et de si belles parures! (*Elle soupire.*) Comme vous êtes heureuse! cousine.... Mais je vous trouve plus sérieuse qu'autrefois.

LOUISE.

Je ne me porte pas très bien.

MADAME DUTOUR.

Ça ne sera rien : est-ce qu'on peut-être malade quand on a de fameux médecins, le temps de se soigner, et le cœur content?

LOUISE, *à part.*

Le cœur content!

MADAME DUTOUR.

Ce n'est pas que je me plaigne : Dieu merci, je n'ai pas de raisons d'être triste; je suis veuve, et mon commerce va son train.

LOUISE, *à part.*

Quel langage! quelles manières!... Est-ce qu'elle était ainsi autrefois? (*Haut.*) Je suis charmée que vous fassiez bien vos affaires.

MADAME DUTOUR.

Tout de même que votre belle-mère m'a ôté sa pratique! Elle se gante à présent chez Walker; vous devriez bien lui parler en ma faveur!... Au reste, je la verrai chez vous, et je lui parlerai moi-même.

LOUISE, *à part.*

Dieu! que dira-t-elle?

MADAME DUTOUR.

Tout à l'heure madame la baronne d'Hervilly me disait encore : « Madame Dutour, personne ne me gante
mieux que vous. »

LOUISE.

Madame d'Hervilly !

MADAME DUTOUR.

Oui, j'ai toujours sa pratique ; et puis sa femme de
chambre est une de mes amies.

LOUISE, *à part.*

Sa femme de chambre !

MADAME DUTOUR.

Elle a une bonne condition, bien des profits.... Madame d'Hervilly est généreuse. (*A Sophie.*) Vous riez,
mademoiselle? Je suis sûre que vous n'avez pas à vous
plaindre de votre maîtresse.

LOUISE, *s'occupant de sa toilette.*

Cette pauvre Sophie! Vous me faites penser que je
ne lui ai rien donné depuis long-temps... Tenez, voilà
un schall dont je vous fais présent.

SOPHIE.

Madame la comtesse est bien bonne.

MADAME DUTOUR.

C'est qu'il est beau, tout de même! Un Ternaux!...
avec des palmes !

La femme de chambre sort, emportant le schall.

MADAME DUTOUR, *d'un air boudeur.*

Mais, ma cousine, c'est trop de donner un schall
comme ça : il y a des gens plus hupés qu'une femme
de chambre qui en feraient bien leur parure.

LOUISE, *qui a pris une chaîne d'or sur la toilette.*

Ma cousine, voulez-vous me faire un grand plaisir ?

MADAME DUTOUR.

Est-ce que je peux vous être bonne à quelque chose,
moi?

LOUISE.

C'est de porter en souvenir de moi cette chaîne d'or,
que j'aurais voulu vous offrir plus tôt.

MADAME DUTOUR, *avec gaîté*.

Oh! que c'est beau! Grand merci, ma cousine. Ça
fera joliment jaser dans le quartier! Ils sont encore ca-
pables de dire que c'est M. Benoît qui m'en a fait présent.

LOUISE.

Qu'est-ce que c'est que M. Benoît?

MADAME DUTOUR.

C'est mon locataire, un jeune homme charmant! Il
est à Paris pour faire son droit, et je lui loue une chambre meublée vingt francs par mois. Ne font-ils pas des
propos dans le quartier? Dire qu'il y a partout des mauvaises langues!... même rue aux Ours! Comme si on ne
pouvait pas prendre le bras de son locataire pour faire
un tour le dimanche!... Est-ce que les grandes dames
n'ont pas des cavaliers à leurs ordres?

LOUISE.

Je ne sais pas.

MADAME DUTOUR.

Oh! je le sais bien, moi!... Seulement ce n'est pas
long-temps le même; ça change plus souvent que nous
autres : je vois ça dans mes pratiques.... C'est comme
leurs toilettes, ça ne leur dure guère; mais puisqu'elles
ont le moyen.... Par exemple, ce n'est pas pour dire,
mais la baronne d'Hervilly, depuis trois mois, c'est toujours le même.

LOUISE , *avec intérêt.*

Ah ! vraiment ? Contez-moi donc cela.

MADAME DUTOUR.

Je l'ai vu plus d'une fois : un joli homme !... Et tenez, hier encore, la baronne choisissait des rubans, et
il est venu lui apporter un beau bouquet de fleurs natu-
relles, pour un bal où il la conduisait le soir. Et ce matin la femme de chambre m'a dit qu'elle avait attendu sa
maîtresse jusqu'à trois heures du matin qu'elle est ren-
trée du bal.

LOUISE , *soupirant.*

Trois heures !... C'est sûrement un homme né et élevé dans sa société ? l'un n'a point à rougir de l'autre ?...
ils vont tous les jours dans les fêtes ensemble ?...

MADAME DUTOUR.

Non pas tous les jours ; mais quand ils ne vont pas
dans le monde, on veille tout de même chez madame
d'Hervilly : le jeune homme vient, ils font de la musique, la baronne joue de la harpe, ils chantent, ils lisent
ensemble ou bien ils dessinent.

LOUISE.

Oui, ils ont les mêmes goûts, les mêmes talents ; ils
peuvent passer le temps ensemble sans ennui. S'ils se
marient, ils seront heureux.

MADAME DUTOUR.

Et moi alors je vendrai gros pour la corbeille.

LOUISE , *vivement.*

Que je serais contente si madame d'Hervilly se
mariait !

MADAME DUTOUR.

Vous ?

LOUISE.

Sans doute.... Vous feriez de bonnes affaires dans cette occasion.

MADAME DUTOUR.

Merci, ma cousine.... Ah ! ils ont l'air tous les deux joliment d'accord !

LOUISE.

Mais comment avez-vous appris tout cela ?

MADAME DUTOUR.

Par sa femme de chambre.

LOUISE.

Et savez-vous le nom de ce monsieur ?

MADAME DUTOUR.

Ma foi, non, je n'ai pas songé à le demander. Mais si vous voulez le savoir....

LOUISE.

C'est inutile!... J'entends, je crois, la voix de mon père.

SCÈNE IV.

—

Madame DUTOUR , LEROUX , LOUISE.

LOUISE, *courant au-devant de son père.*

Bonjour, mon père; vous voilà donc? Il y a près de quinze jours que je ne vous ai vu.

LEROUX.

C'est vrai, mon enfant, mais il ne faut pas m'en vouloir.... Ah ça, tu vas bien ?

LOUISE.

Oui, mon père.

LEROUX.

Tant mieux. Boujour, cousine Dutour.

MADAME DUTOUR.

Salut, père Leroux.

LOUISE.

Mon père, vous allez déjeuner, n'est-ce pas?

LEROUX.

Il y a beaux jours que c'est fait!

LOUISE.

C'est égal, vous prendrez quelque chose; je vais vous faire servir.

LEROUX.

Si tu le veux absolument, à la bonne heure! mais, pas de façon : un morceau, là, sous le pouce, et un verre de vin.

LOUISE. (*Elle sonne.*) *Un domestique entre.*

Apportez à déjeuner pour mon père.

LEROUX.

Écoute, Louise, je venais savoir de tes nouvelles, et puis te demander si ton mari voudrait apostiller une lettre de Pierre pour son colonel.

LOUISE.

Oh! je n'en doute pas! Remettez-la-moi, et je la lui ferai signer.

LEROUX.

Je ne l'ai pas là, mais je te l'apporterai tantôt. (*A demi-voix.*) Dis-moi, Louise, es-tu toujours contente? Ton mari?

LOUISE.

Il est toujours bon pour moi; je suis heureuse!

LEROUX.

Bien sûr ?

LOUISE.

Oui, mon père.

LEROUX.

Allons, j'en suis bien aise ! (*A part.*) Elle ne sait
rien !... ou bien peut-être qu'on m'a fait des contes.

Le domestique a apporté du jambon et du vin sur un plateau, et il le
dépose sur la table.

MADAME DUTOUR.

Voilà un jambon qui a une fameuse mine !

LEROUX.

Le cœur vous en dit-il , cousine Dutour ?

Leroux mange du jambon sous le pouce.

MADAME DUTOUR.

Merci , cousin Leroux ; je me réserve pour le dîner,
car je dîne ici.

LEROUX.

Ah ! oui dà ! Eh bien , vous boirez du fier vin, je vous
en réponds.

UN DOMESTIQUE , *annonçant.*

M. de Monbray.

LOUISE , *à part.*

Dans quel moment ! (*Haut.*) Dites que je n'y suis
pas.

MADAME DUTOUR.

Et pourquoi donc , cousine ?

LEROUX.

Comme ça vous a l'air grande dame ! Je n'y suis
pas !

LOUISE.

C'est pour vous ; cela vous dérangerait.

MADAME DUTOUR.

Pas du tout.... Si je me souviens bien , j'ai connu un M. de Monbray.... Si c'était lui?... Faites entrer, ma cousine.

LOUISE.

Mais....

LEROUX.

Si je te gêne, je m'en irai, Louise.

LOUISE.

Me gêner ! vous, mon père !... (*Au domestique.*) Qu'on entre !

SCÈNE V.

—

LEROUX, MADAME DUTOUR, MONBRAY, LOUISE.

MONBRAY, *d'un ton de respect et d'affection.*

Je n'ai pu passer devant l'hôtel de madame la comtesse sans éprouver le désir de savoir de ses nouvelles. Pardon, madame, si je me présente de si bonne heure.

MADAME DUTOUR.

C'est lui !... Est-ce que monsieur de Monbray ne me reconnaît pas ?

MONBRAY.

Eh mais! c'est madame Dutour !

MADAME DUTOUR.

Moi-même. Il y a bien long-temps qu'on ne vous a vu. Dire que monsieur n'entrerait pas dans mon magasin quand il passe rue aux Ours !

MONBRAY.

Mais c'est que je ne passe jamais rue aux Ours.

LEROUX, *la bouche pleine et le verre à la main.*

Offre donc à monsieur de se rafraîchir. S'il voulait une tranche de ce jambon ?

LOUISE, *l'interrompant.*

Monsieur de Monbray, mon mari est sorti ; vous auriez peut-être désiré le voir ?

MADAME DUTOUR.

C'est joli, monsieur, d'oublier ses anciennes connaissances ! Ah ! je vois ce que c'est, vous êtes surpris de me trouver dans ce bel hôtel !... mais c'est que je suis sa parente.

MONBRAY, *souriant.*

La parente de l'hôtel ! (*Il voit l'embarras de Louise, et reprend d'un ton sérieux.*) Je sais que vous êtes la cousine de madame, et croyez que mes égards....

MADAME DUTOUR.

Qu'est-ce que c'est que toutes ces simagrées-là ? Est-ce que vous avez oublié nos parties avec Fanny et Malvina ?

MONBRAY, *embarrassé.*

Je n'ai rien oublié, je vous assure.

MADAME DUTOUR.

Ma cousine les a bien connues aussi.

LOUISE, *à part, jetant un flacon avec impatience.*

Je suis au supplice.

MADAME DUTOUR.

Qu'est-ce que vous faites donc, ma cousine ? (*Elle ramasse le flacon.*) Voilà qui est soigné !... Mais c'est mal de ne pas prendre toutes ces articles-là chez moi ; vous auriez meilleur marché, et tout aussi bien établi.

LOUISE.

C'est mon mari....

MADAME DUTOUR.

Faut lui dire d'acheter à la maison. Il vaut mieux
que les profits soient dans la poche de sa cousine que
dans celle d'une étrangère.

LOUISE, *à part.*

Qu'elle me fait souffrir !

LEROUX.

V'là qu'est fini ! Je suis bien charmé, mon enfant,
de voir que tu vas bien.

LOUISE.

Vous vous en allez, mon père ?

LEROUX.

Oui, je reviendrai tantôt t'apporter la lettre de Pierre
pour son colonel. Adieu.

MADAME DUTOUR.

Attendez-moi, père Leroux, je sors avec vous. Ma
cousine, je vas terminer une affaire, comme je vous
l'ai dit ; je serai ici dans une heure au plus tard. Je
verrai donc ce qu'on appelle la bonne compagnie !
C'est sûrement l'endroit où l'on s'amuse le mieux.

MONBRAY.

C'est celui où l'on s'ennuie de meilleure grâce.

MADAME DUTOUR.

Donnez-moi le bras, cousin Leroux. Sans rancune,
monsieur de Monbray. A tout à l'heure, cousine.

SCÈNE VI.

—

MONBRAY, LOUISE.

Louise reste pensive.

MONBRAY.

Madame....

LOUISE, *à part.*

Qu'elle est commune!... Autrefois je ne m'en aper-
cevais point.

MONBRAY.

Elle ne m'entend pas.

LOUISE, *à part.*

Si je paraissais à mon mari telle qu'elle me paraît à
moi !

MONBRAY.

Madame....

LOUISE.

Ah ! pardon.

MONBRAY.

Depuis long-temps, madame, je voulais vous parler
à cœur ouvert. Vous excuserez la franchise d'un ami.
Je vous assure qu'il faut absolument que vous vous
amusiez, car vous avez du chagrin.

LOUISE.

Bonne raison!... Mais je n'ai pas de chagrin, et je
ne me soucie pas de m'amuser.

MONBRAY.

Vous avez tort. Il est des femmes qui croient que la
vertu c'est l'ennui; au contraire. Trouver des com-

pensations aux maux de la vie, voilà la vraie sagesse ; c'est la mienne.

LOUISE.

Que voulez-vous dire ?

MONBRAY.

Qu'il est temps enfin de quitter la solitude où vous vivez au milieu de Paris ; qu'il faut que vous voyiez du monde.

LOUISE.

Et qui puis-je voir ?

MONBRAY.

La comtesse de Lesseville, jeune, riche et belle, n'a qu'à choisir sa société ; elle est l'égale de tout le monde.

LOUISE.

Moi !... non, non ! je ne suis plus l'égale de personne.

MONBRAY.

Je ne vous comprends pas.

LOUISE.

Cette société brillante où Édouard a été élevé, où il a voulu me placer, je le sens, je ne puis pas, je ne pourrai jamais y prendre mon rang.

MONBRAY.

Vous êtes trop sévère pour vous-même.

LOUISE.

Non !... Quand je fus admise dans quelques uns de ces salons, l'embarras, la rougeur d'Édouard, m'apprirent que je n'y étais pas comme les autres.... Si vous saviez ce que j'ai souffert !...

MONBRAY.

Vous ?

LOUISE.

Renfermant mes regrets, j'espérai jusqu'à ce jour rencontrer dans mes amies d'enfance un cœur qui pût m'entendre.... Mais faut-il le dire? faut-il avouer ce que j'éprouve?

MONBRAY.

Parlez, parlez à un ami.

LOUISE.

J'avais enfin obtenu d'Édouard la permission de revoir ma famille. Je me réjouissais aujourd'hui de retrouver l'ancienne compagne avec qui j'ai été élevée.... Eh bien, sa présence a détruit mon espoir!... Est-ce elle qui a changé? est-ce moi qui ne suis plus la même?... Nous ne pouvons plus nous comprendre, et je me sens condamnée à n'avoir jamais d'amis nulle part!... Pardon, M. de Monbray, j'aurais dû cacher de semblables idées.... Mes paroles se sont échappées malgré moi : depuis un an c'est la première fois que j'ai dit toute ma pensée.

MONBRAY.

Je suis digne de l'entendre! On me croit superficiel. Irai-je porter dans le monde des sentiments dont il rirait?... Mais, pour un cœur tel que le vôtre, il y a dans mon âme de quoi l'apprécier et l'admirer : jamais tant de vertus unies à tant de grâces ne s'étaient offertes à mes yeux.

LOUISE, *à part.*

Ah! lui non plus ne peut pas être mon confident! (*Haut et avec gaîté.*) Je ne sais en vérité pourquoi je m'afflige ainsi? Ne songeons plus à tout cela : Édouard m'aime, son amour me suffit!

MONBRAY.

Qu'il est heureux! (*A part.*) Ne la détrompons pas!
elle en mourrait!

LOUISE.

Je ne veux plus penser à ce monde qui ne mérite pas
mes regrets! Quelques connaissances nous resteront
peut-être!... Madame votre sœur ne dédaigne pas de
m'inviter.... et si vous vous mariez, M. de Monbray,
votre femme....

MONBRAY.

Me marier!... oh! je n'y songe pas.

LOUISE.

Eh bien! moi, j'y songe pour vous.

MONBRAY.

Vous, madame!

LOUISE.

Oui ; alors vous pourriez être mon ami.

MONBRAY, *riant.*

Comment!... Vous m'avez peut-être aussi choisi une
femme?

LOUISE.

Vous riez?... Mais cela est vrai : j'avais pensé à la
baronne d'Hervilly.

MONBRAY.

Madame d'Hervilly?

LOUISE.

Elle est la seule femme qui vienne habituellement
chez moi ; elle me témoigne de l'amitié....

MONBRAY.

Quand je penserais au mariage, je ne pourrais pas
m'occuper d'elle.

LOUISE.

Ah ! oui, en effet, on m'a dit, je m'en souviens...

MONBRAY , *vivement.*

Quoi? que vous a-t-on dit?

LOUISE.

Oh! des propos que je crois sans fondement : on pré-
tend qu'un jeune homme est fort assidu auprès d'elle....
mais vous obtiendriez aisément la préférence....

MONBRAY.

Je ne la solliciterai point : celle dont la réputation
n'est pas intacte ne saurait être ma femme.

LOUISE.

Comment! il serait vrai?... Non, cela ne peut être :
la comtesse de Lesseville, ma belle-mère, l'avait elle-
même choisie pour son fils avant notre mariage.

MONBRAY.

Alors il n'y avait rien à dire; mais depuis....

LOUISE.

Ah!...

SCÈNE VII.

—

MONBRAY, LE COMTE, LOUISE.

LE COMTE.

Eh ! bonjour, mon cher Monbray : je ne m'attendais
pas à te trouver ici. La promenade a été délicieuse; on
s'étonnait de ne pas te voir.

MONBRAY.

En effet, on connaît mes goûts champêtres; mais on

ne m'a promis ma nouvelle calèche que pour demain.
Mon ami , quatre chevaux anglais , et deux grooms qui
ont couru à Epsom ! Le marquis de Puineuf et le prince
Davisoff en seront malades : ils n'ont rien de pareil....
Dès que viendront les beaux jours je ne quitterai plus le
bois : la solitude convient à mes goûts.

LE COMTE.

Ils sont si simples !

MOMBRAY.

Vrai , je ne me reconnais pas ! Il y a une heure que
je parle raison : aussi madame me trouve-t-elle si grave
qu'elle me juge digne d'être mari.

LOUISE.

N'est-il pas vrai que M. de Monbray ferait bien de se
marier ?

LE COMTE.

Pourquoi pas ?

MONBRAY.

Ah! tu approuves ce projet?... Mais si tu savais quelle
femme on me propose?...

LE COMTE.

Qui est-elle ?

LOUISE.

J'avais pensé à la baronne d'Hervilly.

LE COMTE.

La baronne?... quelle idée !

MONBRAY.

Eh bien , me le conseilles-tu ?

LE COMTE.

Il faut que vous soyez folle pour songer à marier les
gens !... De quoi vous mêlez-vous ?

LOUISE.

Pourquoi vous fâcher, Edouard?... Quand j'ai parlé de cela j'ignorais tout ce qu'on peut dire contre madame d'Hervilly.

LE COMTE.

Comment! que peut-on dire?... Je la défendrai contre la calomnie !

MONBRAY , *à part.*

Allons, il m'a cassé une jambe pour sa femme; veut-il me casser l'autre pour sa maîtresse?

LOUISE , *à part.*

Je ne comprends rien à sa colère. (*Haut.*) Personne ne l'accuse; le hasard seul m'a appris....

LE COMTE , *inquiet.*

Quoi?... qu'avez-vous appris ?

LOUISE.

Qu'elle souffre les assiduités d'un jeune homme; mais elle est libre ! elle l'épousera , sans doute....

LE COMTE , *à part.*

Elle ne sait rien. (*Haut.*) Qui vous a dit qu'elle aime quelqu'un ?

LOUISE.

Oh! je suis bien instruite. Mais je ne partage point des soupçons injurieux; et, si la baronne voit souvent celui qu'elle aime, loin de la blâmer, moi je l'approuve.

MONBRAY , *à part.*

Pauvre femme !

LOUISE.

Avant de s'unir par des nœuds éternels ils sauront s'ils peuvent se convenir. Qu'elle est heureuse,

Édouard! jamais à ses côtés l'homme qu'elle chérit ne s'ennuiera.

LE COMTE, *troublé.*

Louise!...

LOUISE.

Hier, c'était lui qui l'avait conduite à ce bal où vous l'avez rencontrée. Ses succès, les hommages dont vous m'avez dit qu'elle était l'objet, comme il devait en jouir!... Mais bien sûrement vous le connaissez; c'est sans doute un homme de son rang!... En la voyant si recherchée, si admirée, il est fier de son choix!... Jamais il n'en rougira!... Édouard, elle est bien heureuse!

LE COMTE, *à part.*

Quel supplice! (*Haut.*) Vous vous trompez, vous imaginez tout cela; personne n'est amoureux de la baronne.

LOUISE.

Je suis sûre de ce que je dis. Madame Dutour les a vus ensemble.

LE COMTE, *très troublé.*

Comment?...

LOUISE.

Oui; et d'ailleurs elle a su par la femme de chambre de la baronne....

LE COMTE.

Mais c'est une horreur qu'un pareil espionnage!

LOUISE.

Ne vous mettez pas en colère, mon ami! que nous importe, après tout?

SCÈNE VIII.

—

MONBRAY, LA COMTESSE, LE COMTE, LOUISE.

LE COMTE.

Ah ! ma mère !

LA COMTESSE.

Bonjour, mon cher Édouard ; bonjour, madame. Mon ami, je viens vous demander votre soirée : quelques amateurs, joints à des artistes distingués, improvisent aujourd'hui chez moi un petit concert, et je compte sur vous.

LE COMTE.

Très volontiers, ma mère.

LA COMTESSE.

M. de Monbray, vous serez des nôtres.

MONBRAY.

J'aurai cet honneur, madame. Adieu, mon ami, à ce sor ! Mesdames, agréez mon hommage.

Il sort.

LA COMTESSE, *à Louise.*

Je n'ose vous presser d'accompagner votre mari ; je sais que vous n'aimez pas le monde, et que la musique ne vous amuse guère.

LOUISE.

Vous êtes trop bonne, madame : j'ai disposé de ma soirée.

MADAME DUTOUR, *à la cantonnade.*

Je vous dis encore une fois de ne pas m'annoncer.

LOUISE, *à part.*

Dieu! madame Dutour!

LE COMTE, *à part.*

Quelle est cette voix?...

SCÈNE IX.

—

LA COMTESSE, LE COMTE, LOUISE,
MADAME DUTOUR.

MADAME DUTOUR.

Eh bien! ma cousine, me voilà; vous voyez que je
n'ai pas été long-temps.

LE COMTE, *à part.*

Sa cousine!...

MADAME DUTOUR, *bas à Louise.*

Tiens!... voilà le jeune homme dont je vous parlais
ce matin!

LOUISE.

Que dites-vous?

MADAME DUTOUR.

Qu'avez-vous donc? cousine.

LOUISE, *lui serrant la main.*

Parlez, parlez! madame d'Hervilly.... Ce jeune
homme....

MADAME DUTOUR.

Eh bien, le voilà!

LOUISE, *avec un cri déchirant.*

Ah!... mon mari!

MADAME DUTOUR, *à part.*

Son mari !

LOUISE.

Tout est fini !... Je me meurs !

Elle tombe évanouie sur la causeuse près de la toilette.

LE COMTE.

Louise !... Louise !... (*A madame Dutour.*) Ah !
madame, qu'avez-vous fait !

LA COMTESSE.

Que signifie cela ?

MADAME DUTOUR, *donnant des soins à Louise.*

Ma pauvre cousine !... Et dire que c'est moi !...

SCÈNE X.

—

LA COMTESSE, LEROUX, LE COMTE, LOUISE,
évanouie; MADAME DUTOUR.

LEROUX.

Pardon, excuse, la société; c'est que je viens apporter à Louise une lettre.... Dieu ! ma fille ! est-elle
morte ?

MADAME DUTOUR.

Non, non, elle n'est qu'évanouie : un saisissement,
le chagrin....

LEROUX, *regardant Louise.*

Quel changement !... Ah ! commandant, la fille du
pauvre soldat était si fraîche et si joyeuse !... (*Il prend
la main du comte et le mène vers sa fille.*) Regardez la
femme du riche comte de Lesseville !

LA COMTESSE.

Pauvre enfant !

MADAME DUTOUR.

Elle se ranime !... Être riche et malheureuse, ça se conçoit-il ?

Louise cherche à rassembler ses idées : elle regarde tout le monde, voit son père, et se jette dans ses bras en pleurant.

LEROUX.

Ma fille !

LOUISE, *entraînant Leroux.*

Venez, venez, mon père !

LEROUX.

Éloignons-la....

LE COMTE.

Arrête, Louise ! Je ne te quitte pas.

LOUISE.

Laissez-moi ! laissez-moi !

LEROUX, *arrêtant le comte.*

Non, monsieur le comte, c'est à moi seul de soigner mon enfant.

Il emmène Louise par la porte vitrée de droite.

MADAME DUTOUR.

Je vais chercher des secours. Épousez donc un grand seigneur !

Elle sort par la porte de gauche.

LE COMTE.

Je veux la voir ! Je veux encore....

SCÈNE XI.

—

LE COMTE, LA COMTESSE.

LA COMTESSE, *retenant le comte.*
Demeurez, Édouard, je veux vous parler. (*A part.*)
Que de malheurs je prévois!...

———

SCÈNE XII.

—

LE COMTE, LA COMTESSE; LEROUX, *sortant du cabinet et traversant le théâtre.*

LE COMTE.
Eh bien ?

LEROUX.
Elle va mieux.... mais elle veut rester seule : ne la troublez pas.... Je suis inquiet, je sors, et je ramènerai un médecin.

Il sort par la porte de gauche.

SCÈNE XIII.

—

LA COMTESSE, LE COMTE.

LA COMTESSE.

Édouard, m'expliquerez-vous ce qui s'est passé?

En ce moment, Louise, pâle, échevelée, ouvre la porte vitrée : elle écoute.

LA COMTESSE.

Vous avez voulu épouser Louise?

LOUISE, *dans le cabinet.*

Mon nom!... Que dit-elle?

LA COMTESSE.

Jadis j'avais fait pour vous un choix....

LE COMTE.

Ma mère!...

LA COMTESSE.

Je vous disais alors que, sans les mêmes goûts, les mêmes habitudes, il n'y a point de bonheur dans l'intimité....

LE COMTE.

Hélas!

LA COMTESSE.

Que l'instant arriverait où ces liens vous deviendraient odieux, insupportables!... Vous chercheriez en vain à le cacher, vous n'aimez plus Louise.... Mon fils, vous en aimez une autre.

LOUISE.

Oh! mon Dieu!

LA COMTESSE.

Bientôt vous maudirez votre chaîne ; vous ne verrez plus dans cette femme qu'un obstacle éternel à votre bonheur.... Vous l'abandonnerez.... vous n'aurez plus pour elle que de la haine.... et vous souhaiterez peut-être....

LOUISE.

Oui.... ma mort !... ils la désireront tous !... Oh !
Elle referme la porte brusquement et disparaît.

LE COMTE.

Épargnez-moi, ma mère !... je serais un monstre !... Elle est si bonne !... son âme est si noble !...
On entend un cri déchirant dans la coulisse.

LA COMTESSE.

Dieu ! qu'est cela ?

LE COMTE.

Je frémis !...

LA COMTESSE.

D'où vient ce cri ?

LE COMTE.

Oh ! ma mère ! Je n'ose quitter cette place. Serait-il possible que le désespoir....

SCÈNE XIV.

—

LES MÊMES, MADAME DUTOUR, *entrant par la porte de gauche.*

MADAME DUTOUR, *dans la coulisse.*

Ah !...

LA COMTESSE.

Eh bien, quoi? parlez.

MADAME DUTOUR.

Morte! madame; morte!

LE COMTE.

Qui?

MADAME DUTOUR.

Louise !... de la fenêtre de cette chambre.... tombée aux pieds de son père !

LE COMTE.

Malheureux !

Il tombe accablé sur un fauteuil.

FIN.